생물학자들

차례

보일의 조수에서 왕립 학회 회장까지

미시 세계는 아름답다

#왕립 학회 황금손

사교성					
대담성					
계획성					
인내력					
감성					

1

세포 구조를 발견하다

로버트 훅
Robert Hooke

1635~1703

영국 출생
생물학자, 물리학자, 천문학자, 지질학자, 건축가

대표 업적

《마이크로그라피아》 저술
식물의 세포 구조 발견
훅의 법칙 발견

여러분은 혹시 로버트 훅이라는 과학자 이름을 들어 봤나요? 아마 처음 들어 본 사람들이 많을 거예요. 고등학교 과학 교과서에 세포를 처음 발견한 과학자로 간단하게 소개될 뿐이지만, 로버트 훅은 사실 그보다 훨씬 방대한 과학 업적을 남겼습니다. 그와 같은 시대에 영국에서 활동한 과학자 중에는 아이작 뉴턴이 있어요. 다들 알다시피 뉴턴은 중력을 발견하고 그것을 수학적으로 정리한 과학자죠. 비록 조금 더 낯설지만, 로버트 훅의 연구와 활동도 뉴턴 못지않았습니다. 잠깐, 여기서 재미있는 사실을 하나 알려 줄게요. 사실 뉴턴과 훅은 사이가 좋지 않았어요. 과학에 관한 의견 차이로 자주 다퉜거든요. 그만큼 훅은 뉴턴조차 무시 못하는 과학자였답니다.

세포 구조를 발견하다

뛰어난 손재주로 이름을 알리다

로버트 훅은 교회의 부사제였던 아버지 밑에서 누나와 형에 이어 셋째로 태어났습니다. 가난한 집안에서 태어나 어렸을 때부터 건강이 좋지 않았지만, 훅의 손재주는 뛰어났어요. 1미터나 되는 모형 배를 만들기도 했고, 고장 난 시계를 분해해 보고는 그 구조를 파악해 나무를 깎아 움직이는 시계를 만들었다고 해요.

열세 살 때 아버지가 돌아가시자 훅은 런던으로 왔어요. 웨스트민스터 공립 학교에서 공부하다가 열여섯 살에 옥스퍼드 대학교에 입학한 훅은, 거기서 런던의 세인트폴 대성당의 설계를 맡은 위대한 건축가이자 과학자 크리스토퍼 렌을 만나요. 훅은 그의 밑에서 일하게 됩니다. 당시 가난한 학생은 부유한 학생의 조수로 일하면서 생활했거든요. 둘은 서로를 도우며 연구했습니다.

훅은 손재주가 좋기로 유명했어요. 마침 옥스퍼드 과학자들은 실험에 필요한 기계를 만들고 실험을 도울 조수를 구하고 있었는데, 훅이 적임자였죠. 여기서 로버트 보일과 훅의 인연이 시작되었습니다. 로버트 보일은 우리가 중학교에서 배우는, 압력과 부피가 반비례한다는 '보일의 법칙'을 발견한 과학자예요. 보일은 훅을 수석 조교로 고용했고, 훅은 뛰어난 손재주로 압력 실

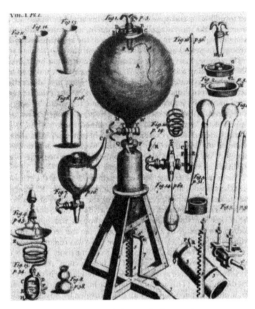

보일과 훅이 만든 공기 펌프 도안

험을 할 수 있는 공기 펌프를 제작합니다. 그림을 보세요. 1660년
대에 만들었다고 볼 수 없을 정도로 정밀해 보이죠? 훅이 만든
정밀한 공기 펌프 덕에 보일의 법칙을 증명할 수 있었던 거예요.

다재다능한 훅은 보일 외에도 많은 과학자의 연구를 도왔
답니다. 천문학과 교수인 세스 워드의 천문학 연구를 위한 망원
조준경을 발명했고, 회중시계의 속도 조절용 용수철도 개발했
죠. 다양한 화학 연구에도 참여했습니다. 이런 공로 덕분에 훅은
1663년 옥스퍼드 대학교 석사 학위를 인정받게 됩니다.

세포 구조를 발견하다

미시 세계 연구의 문을 열어젖히다

1660년 영국 왕립 학회가 만들어졌어요. 왕립 학회는 당시 영국의 왕 찰스 2세가 공인한 과학자들의 모임이에요. 매우 뛰어난 과학 업적을 이뤄야 왕립 학회에 가입할 수 있답니다. 이름만 들어도 알 수 있는 아이작 뉴턴과 찰스 다윈도 이 학회의 회원이었어요.

왕립 학회가 처음 만들어졌을 때, 실무를 챙길 실험 학예사가 필요했어요. 그때 창립자 보일의 추천으로 1662년 로버트 훅이 학예사 직책을 맡게 되었습니다. 그런데 학예사 직책은 정식 회원 자격이 인정되지 않아 학회에서 조금 애매한 위치였습니다. 훅은 꾸준히 노력해 다음 해 문학 석사를 받았고, 드디어 2년 뒤 학예사 직책에서 정식 석학 회원으로 인정받습니다. 드디어 다른 과학자들과 동등한 지위에 오르게 된 것이죠. 1678년에는 왕립 학회 회장직까지 맡게 되고요.

훅은 1665년에 29세의 나이로 그레셤 대학의 기하학 교수가 됩니다. 그리고 그해에 자기의 최고의 역작 《마이크로그라피아》를 펴냈어요. 이 책은 제목 그대로 현미경으로 본 세상을 최초로 보여 주는 책이랍니다('마이크로'에는 현미경이라는 뜻이, '그라피아'에는 그림이라는 뜻이 있습니다). 훅이 읽기 쉬운 문체의 영어로 글을 쓴 덕에 많은 과학자와 일반인이 이 책을 이해할 수 있었어요.

훅은 바늘의 끝, 작은 모래, 코르크 등의 무생물과 이끼, 씨앗, 파리의 눈과 다리, 개미, 벼룩 등의 동물을 현미경으로 관찰했고, 이를 상세하게 그린 삽화를 이 책에 실었어요.

현미경으로 관찰한 모습을 그저 그림으로 옮겨 놓은 것이 뭐가 대단하냐고 생각할 수도 있어요. 실제로 일부 사람들은 이런 이유로 《마이크로그라피아》를 낮게 평가했습니다. 하지만 훅의 업적은 그렇게 단순하지 않습니다. 여러분은 우주의 은하 사진을 보면 어떤 마음이 드나요? 광활한 우주에 대한 신비감 같은 것이 느껴지죠? 훅이 《마이크로그라피아》에 실은 아름다운 그림들도 당시 과학자들을 눈으로 보이지 않는 '미시 세계'로 인도했습니다. '미시'란 너무 작아서 눈으로 관찰할 수 없는 것을 뜻해요. 훅의 책을 계기로 과학자들은 미시 세계에 호기심을 가지기 시작했어요. 이제 우리는 세포 속의 미토콘드리아, 엽록체를 관찰할 수 있고 세포 수준의 기능을 알고 있어요. 생물학자들의 연구와 노력의 결과죠. 훅의 《마이크로그라피아》가 미시 세계 연구의 문을 열어젖혔고, 안내서의 역할을 한 것이에요. 왕립 학회 석학 회원인 새뮤얼 피프스는 《마이크로그라피아》를 '가장 독창적인 책'이라고 불렀고, 왕립 학회 창립자 보일보다 훅을 더 높게 평가했으니 훅의 높아진 위치를 짐작할 수 있겠습니다.

자, 이제 훅의 가장 위대한 업적 중 하나로 알려진 세포 발

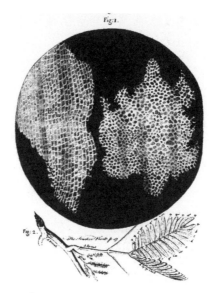

《마이크로그라피아》에 실린 코르크 단면

견으로 넘어가 봅시다. 훅은 코르크 마개를 얇게 잘라서 관찰했어요. 코르크는 벌집 모양의 수많은 방으로 이루어져 있었습니다. 훅은 '작은 방'이라는 뜻의 라틴어에서 이름을 따와 이 작은 단위를 셀^{cell}이라고 명명했어요. 셀은 세포의 영어 명칭입니다. 현대에도 사용되는 세포라는 용어가 탄생하는 순간이었죠.

하지만 정확히 말해 훅이 세포를 발견한 것은 아닙니다. 코르크는 참나무의 껍질 부분으로 만들어져요. 식물은 단단한 모양을 유지하기 위해 셀룰로스로 된 세포벽이 세포 외곽을 감싸고 있습니다. 훅은 그 세포벽을 본 거예요. 나중에 과학자들이 진정한 세포를 발견했을 때, 훅이 명명한 '셀'이라는 이름을 가져다 쓴 것입니다.

여러 방면에 능통했던 팔방미인

당시 과학자들은 분야에 얽매이지 않고 다방면의 연구를 수행했어요. 물론 현미경을 이용한 생물학이 훅의 대표적 연구 분야였지만, 훅은 물리에서 지구과학에 이르기까지 다양한 연구를 했답니다. '훅의 법칙'이라는 물리 법칙도 있어요. 이 법칙으로 용수철이나 고무줄의 탄성력을 계산할 수 있습니다. 훅의 법칙에 따르면, 늘어난 용수철에는 늘어난 길이에 비례하는 만큼의 힘이 늘어난 방향의 반대로 작용합니다. 고등학교에서 물리를 공부할 때 훅의 이름이 나오면 아, 세포의 이름을 창시한 로버트 훅이구나 하고 떠올려 봅시다.

훅은 화석에 대한 식견도 예리했어요. 당시 사람들은 지구에 잠재된 특별한 능력이 돌에 새겨져 동식물의 모양을 닮은 화석이 만들어진다고 생각했어요. 하지만 훅은 생물이 홍수나 지진에 매몰된 후, 그곳에 진흙이나 찰흙이 채워져 단단하게 굳어진 것이 화석이라고 주장했습니다. 훅이 죽고 난 2년 후, 영국의 과학자 리처드 윌러는 이 주장을 정리해 《지진의 담론》이라는 제목으로 출판했고, 이 책은 현대 화석 이론의 기반이 되었습니

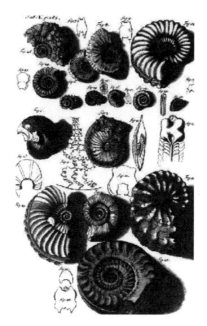

《지진의 담론》에 실린 화석 그림

다. 이 책은 화석뿐만 아니라 지구 표면이 울퉁불퉁한 이유를 비롯한 다양한 지질학적 현상을 탐구하고 있답니다.

혹은 건축학 지식도 풍부했어요. 1666년 9월, 런던에 나흘 동안 대화재가 일어났어요. 제과점에서 시작된 화재는 바람을 타고 주변을 덮쳤습니다. 대화재는 1만 3,200채의 가옥을 포함한 건물 대부분을 파괴해 버렸다고 해요. 혹은 런던 재건 계획에 투입되어 앞에서 언급한 크리스토퍼 렌과 함께 건축 및 측량에 참여합니다. 그야말로 팔방미인이라 부를 만한 지식인이었죠.

뉴턴이 미워한 과학자

아이작 뉴턴은 1643년생이에요. 로버트 훅보다 여덟 살이 어렸습니다. 먼저 유명해진 것은 훅이에요. 《마이크로그라피아》로 이미 이름이 알려졌고, 왕립 학회 학예사로 열심히 일하며 왕립 학회를 이끌었다고 봐도 됩니다.

《마이크로그라피아》에는 현미경으로 관찰한 내용 외에, 얇은 층에서의 무지개 무늬에 관한 연구도 있었어요. 비가 오는 날, 고인 빗물 위에 기름층이 있을 때 무지개 무늬가 나타나는 것을 본 적 있죠? 훅은 이 무지개가 빛의 간섭 때문에 나타나는 것이라고 했어요. 이 연구를 확장해 훅은 유리에 볼록 렌즈를 올려놓는 실험을 했고, 여러 층의 고리 모양이 나타나는 것을 발견했어요. 아이러니하게도 이 고리는 나중에 '뉴턴 고리'라는 이름을 얻게 됩니다. 왜 이런 이름이 붙었는지는 뒤에서 다시 설명하겠습니다. 어쨌든 훅은 빛이 파동이라고 보았고, 파동의 간섭 때문에 이런 고리 모양이 생겨난다고 했어요.

하지만 뉴턴의 생각은 달랐어요. 뉴턴은 프리즘 실험을 통해 빛이 무지갯빛으로 갈라지는 것을 확인했고, 이로 보아 빛은 여러 가지 입자가 합쳐져 있다고 주장했어요. 현대 과학은 빛이 파동인 동시에 입자임을 증명했습니다만, 당시에는 훅의 파동설과 뉴턴의 입자설이 대립하게 되었습니다. 뉴턴은 빛이 파동이라는 훅의 연구를 대수롭지 않은 것으로 여겼죠. 훅은 자신의 연구를 인정받지 못해 화가 났을 겁니다. 게다가 둘 사이를 이간질하는 사람이 있었어요. 중간에서 말을 부풀리자 둘의 적의는 날로 커졌어요.

훅이 뉴턴에게 화난 이유는 이것뿐만이 아닙니다. 훅은 1666년 5월 행성의 운동에 관한 논문을 학회에서 발표했어요. 논문의 첫째 가설은 '행성의 운동은 태양의 인력 때문이다'라는 것이었고, 둘째 가설은 '어떠한 물체든 직선 운동하는 물체는 계속 직선 운동하고자 하며, 다른 힘의 영향이 있을 때만 원운동과 곡선 운동을 한다'였어요. 눈치챘을지 모르지만, 이 가설은 이후 발표된 뉴턴의 제1 법칙과 같은 내용입니다.

뉴턴이 운동 법칙 등을 집대성한 《자연 철학의 수학적 원리》를 써서 위대한 과학자 반열에 오른 것은 1684년입니다. 훅이 행성의 운동에 관한 가설을 제시하고 20년 가까이 지난 후죠. 비록 뉴턴은 자신이 1665년에 이미 미적분을 개발하고 중력에 관한 연구를 마쳤다고 주장했지만, 과학의 역사를 연구하는 학자들은 이것이 뉴턴의 과장이라고 보기도 한답니다.

훅은 뉴턴이 《자연 철학의 수학적 원리》에서 자신의 공로를 인정하지 않는 것에 불만을 터트렸어요. 비록 훅은 그 가설을 수학적으로 증명하지 못했지만, 원리는 먼저 발표했으니 화가 나는 건 당연했어요. 그에 화난 뉴턴은 《자연 철학의 수학적 원리》 제3권에서도 훅에 관한 언급을 모조리 빼 버렸다고 합니다. 둘의 적대적 관계가 그야말로 극에 달한 것이죠.

둘의 싸움이 격해져 학회의 오점으로 남을 것을 염려한 왕립 학회는 결국 둘에게 공개적으로 화해하라는 명령을 내립니다. 둘은 편지를 주고받으며 화해를 했습니다. 훅은 빛 연구에 있어 뉴턴이 더 나아갔다고 썼습니다. 자신의 자존심을 굽힌 용감한 행동이죠. 뉴턴도 화해의 편지를 보냈습니다. "제가 더 멀리 보았다면 거인들의 어깨 위에 올라서 있었기 때문일 것입니다"라는 유명한 구절이 이 편지에서 등장했죠. 이를 풀어 설명해 보자면, 자기가 이룬 과학적 성취는 선배들의 연구를 바탕으로 한 덕분이라는 뜻이에요. 훅을 거인으로 표현해 존경을 표한 것 아닌가 싶습니다. 하지만 뉴턴의 이후 행동을 보면 정말 훅을 인정했는지 의문이 듭니다.

사라진 훅의 초상화

훅은 1703년 3월에 죽었습니다. 그가 죽자 뉴턴은 왕립 학회 회장에 선출되었어요. 이듬해인 1704년에 뉴턴은 빛을 연구한 책 《광학》을 발표합니다. 이 책에서 훅이 발견한 고리는 '뉴턴의 고리'가 되어 있습니다. 의심스러운 사건이 또 있어요. 1710년 왕립 학회는 더 넓은 곳으로 이사하게 되었어요. 학회에는 그동안의 회원 초상화가 걸려 있었는데, 불가사의하게도 이사 중에 훅의 초상화만 분실되었어요. 물론 이 초상화들을 옮기는 작업을 총괄한 사람은 뉴턴이었습니다. 마치 훅이 죽기를 기다리기라도 한 사람 같지 않나요?

과학의 역사를 연구하는 학자들에 따르면, 뉴턴이 화해로 보낸 편지에서 칭한 '거인'에 훅은 해당하지 않는 듯합니다. 훅은 어깨가 굽은 체형이었다고 해요. 누가 봐도 거인은 아니죠. 뉴턴은 절대로 훅을 용서하지 않았던 것입니다.

위대한 과학자 뉴턴은 왜 이렇게 훅을 미워했을까요? 자신이야말로 최고의 찬사를 받아 마땅한 과학자인데 훅처럼 뛰어난 과학자가 자신의 존재를 가리는 것이 싫었기 때문 아닐까요? 뉴턴은 훅을 깎아내려 더욱 위대한 과학자로 남고자 했습니다. 하지만 훅은 그런 뉴턴조차 용서하고 인정한 위대한 과학자였습니다.

현미경으로 어디까지 볼 수 있을까

현미경은 작은 물질을 크게 확대해 보여 주는 기구예요. 현미경을 누가 최초로 발명했는지는 불분명해요. 다만, 네덜란드의 자카리아스 얀선이라는 안경사가 1590년경 발명했다는 주장이 있습니다. 안경사라는 직업이 렌즈를 전문으로 다루기에 충분히 현미경을 발명할 수 있었을 거예요. 이때의 현미경은 현재의 현미경보다는 망원경 모양에 가까웠으리라 추측합니다.

이후 현미경을 독자적으로 발전시킨 과학자는 미생물의 아버지라 불리는 안톤 판 레이우엔훅입니다. 레이우엔훅은 앞에서 다뤘던 로버트 훅과 같은 시대에 살았던 인물입니다. 네덜란드의 옷감 장수였던 레이우엔훅은 독학으로 현미경을 발명했답니다. 그가 발명한 현미경은 현대의 현미경과 비슷했어요. 대물렌즈가 물체를 확대하고 접안렌즈가 이 확대된 상을 보여 주었죠. 현미경의 배율은 '대물렌즈 배율×접안렌즈 배율'로 계산하는데 레이우엔훅의 현미경은 200~300배까지 확대가 가능했다고 해요. 배율이 좋은 현미경을 만든 레이우엔훅은 원생동물을 발견하는 선구적인 연구를 합니다.

우리가 무언가를 볼 때 물체에 반사된 가시광선이 우리 눈에 들어와요. 이 과학자들이 만든 현미경도 빛을 이용하기 때문에 광학 현미경이라고 부

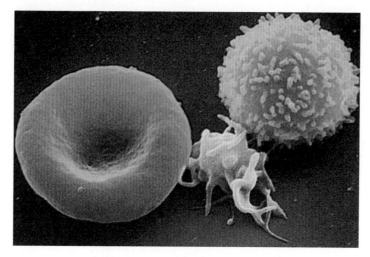

주사 전자 현미경 사진(왼쪽부터 적혈구, 혈소판, 백혈구)

롭니다. 과학자들은 나중에 광학 현미경보다 더 성능이 좋은 전자 현미경을 발명했어요. 전자 현미경은 크게 두 종류로, 주사 전자 현미경과 투사 전자 현미경이 있습니다. 주사 전자 현미경은 전자선으로 표면을 스캔하기에 3차원 입체 모양을 볼 수 있어요. 투사 전자 현미경은 빛이 물체의 내부를 그대로 통과하기에 입체 모양은 볼 수 없지만, 주사 전자 현미경보다 더 확대된 상을 볼 수 있답니다.

　현미경의 성능을 평가할 때 '분해능'이라는 용어를 사용해요. 분해능이란 서로 떨어져 있는 두 점 사이를 구별할 수 있는 능력을 말해요. 값이 작

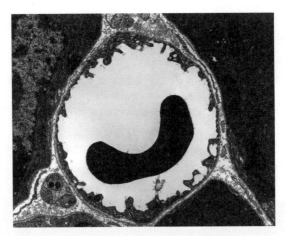

투과 전자 현미경 사진(모세 혈관 속 적혈구)

을수록 성능이 좋은 현미경이죠. 수천억 개의 별이 모인 은하는 멀리 떨어
진 지구에서 보면 하나의 별처럼 보이지만, 확대하면 별 하나하나를 구분할
수 있습니다.

　　분해능 공식은 $d = \dfrac{\lambda}{2n\sin\theta}$ 예요. 어려워 보이지만 자세히 들여다보면
이해할 수 있습니다. λ(람다)는 빛의 파장인데 우리가 보는 가시광선의 파장
은 400~700나노미터(nm) 정도입니다. n은 굴절률입니다. 물의 굴절률은
1이고 기름의 굴절률은 1.5정도 됩니다. 어떤 물체가 물에 들어 있고 그 물
체를 위에서 바라본다면(n=1, sin90°=1) 200~350나노미터의 물체를 관찰할
수 있다는 겁니다. 사람의 적혈구는 7,700나노미터이니 광학 현미경으로도

충분히 볼 수 있겠죠. 학교에 있는 광학 현미경은 배율이 1,000~2,000배 정도 됩니다. 다만 그 물체를 기름 속에 넣어야 해요. 광학 현미경의 한계죠.

그래서 과학자들은 전자 현미경을 발명하게 되었어요. 전자파는 가시광선보다 파장이 더 짧아요. 따라서 분해능이 더 작죠. 10만 배로 확대할 수 있어 1나노미터까지 볼 수 있답니다.

유럽 대륙을 누빈
분류학의 아버지

생물이
있는 곳이라면
어디든 간다

#강박적인
생물 수집가

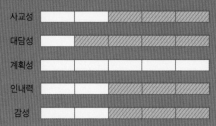

사교성
대담성
계획성
인내력
감성

2

이름 없는 꽃에
이름을 붙이다

칼 폰 린네
Carl von Linné

↓

1707~1778

스웨덴 출생
식물학자, 분류학자, 의학자

대표 업적

《자연의 체계》저술
생물 분류법의 기초 확립

개가 영어로 뭐죠? 도그^{dog}입니다. 일본어로는 뭘까요? 이누^犬예요. 중국어로는 고우^狗, 독일어로는 훈트^{hund}입니다. 그렇다면 아랍어로는 뭘까요? 음, 세상의 수많은 언어를 나열하다가 이 책이 끝나 버리겠네요. 이는 과학자들에게도 마찬가지 문제입니다. 다른 나라 사람들과도 협동 연구를 해야 하는데 세상 모든 언어를 공부할 수 없잖아요. 특히 과학자들이 생물을 연구하려면 통일된 이름이 있어야 했습니다. 이 일에 발 벗고 나선 사람이 1707년 스웨덴에서 태어난 칼 폰 린네예요.

유럽을 탐험한 식물학자

린네의 아버지는 성직자였답니다. 그래서 린네도 성직자로 키우려고 했어요. 하지만 어린 린네는 종교에 관심이 없었어요.

일곱 살 때 과외 선생님과 학교 선생님은 린네가 학자로 성공하기 어렵겠다고 평가합니다. 이를 들은 아버지는 린네를 구두 수선공으로 보내려 했어요. 하지만 의학으로 성공할 가능성이 있다는 한 선생님의 말에 의학 공부를 하게 됩니다.

1727년 린네는 룬드 대학교에 입학했다가 웁살라 대학교로 옮겨 의학 공부를 계속해요. 1735년에는 네덜란드 하르데르베이크 대학교에서 의학 박사를 받은 후 스톡홀름에서 의사로 일하기도 하고, 1741년 웁살라 대학교의 의학 교수로 임용됩니다. 하지만 린네의 마음속에는 언제나 식물이 있었어요. 1742년 마침내 식물학 교수로 전직한 린네는 죽을 때까지 그 직책을 유지합니다.

린네는 의학을 공부하면서도 늘 식물학 책을 봤어요. 그중 식물이 유성 생식한다는 학설을 흥미롭게 여겼습니다. 유성 생식이란 암수 생식기를 가지고 자손을 만드는 생식법입니다. 린네는 이 생각을 받아들여 암술과 수술을 이용해 식물을 분류하기 시작합니다. 린네는 필요 이상으로 강박적인 성격이라 꽃이 피는 생물을 세밀하게 분류하고 목록을 만들었어요. 식물학 수업 시간에는 정확한 시간에 출발했고 점심 먹는 시간, 휴식 시간, 심지어 학생들의 복장까지 엄격하게 정했다고 해요.

린네는 식물을 분류하는 것이 자신에게 내려진 임무인 양

새로운 동물과 식물을 찾아다녔습니다. 스웨덴 최북단의 라플란드, 광활한 스칸디나비아반도까지요. 린네는 여행하면서 식물을 발견하면 채집해 표본을 만들고, 일지에 기록했습니다. 그는 6개월간 무려 2,000킬로미터를 이동했답니다. 라플란드와 스칸디나비아반도는 추운 기후 때문에 식물이 많지 않은데도 이 여정에서 새로운 식물을 100종이나 발견했으니, 기뻐했을 린네의 모습이 상상됩니다. 당시 여행을 하면 말을 타고 이동해야 했습니다. 힘든 여정이었겠지만 린네는 유럽에 있는 모든 식물을 찾겠다는 심정으로 여정을 마쳤을 것입니다.

이렇게 열심히 조사하고 표본을 채집한 린네는 동식물 분류를 주제로 한 여러 책을 내기 시작합니다. 그중 1735년에 출판한《자연의 체계》는 린네의 책 중 가장 완전한 분류를 자랑하는 책입니다. 린네는 자연계를 식물계, 동물계, 광물계로 나눴고, 약 1만 종의 생물 이름을 나열했어요. 약 6,000종의 식물과 4,200종의 동물이었죠.《자연의 체계》는 개정을 거듭했고, 1758년 발표된 10판에서는 현대 분류의 체계인 계, 강, 속, 종를 사용했어요.

린네는 최종적으로 7,700종의 식물과 4,400종의 동물을 묘사해서 분류하고 '이명법'에 따른 이름을 부여했습니다. 뒤에서 더 자세히 설명하겠지만 이명법이 무엇인지 한번 짚고 넘어가죠. 이명법은 속명과 종명, 2개의 이름으로 생물을 명명한 거예요.

우리 인간을 흔히 호모 사피엔스라고 하는데, 여기서 '호모'는 속명, '사피엔스'는 종명입니다. 세계의 누구에게 말해도 호모 사피엔스가 인간을 가리킨다는 것을 알아요. 생물에 세계적으로 통일된 이름이 만들어진 거예요.

스웨덴에 있는 칼 린네의 동상

린네는 정말 대단한 업적을 남겼죠? 단순히 생물을 분류한 것이 뭐 그렇게 위대한 업적이냐고요? 특징에 따라 생물을 분류하는 것은 정말 중요한 일이에요. 린네의 업적을 좀더 자세히 살펴보죠.

현대 분류학의 기반이 된 린네의 체계

자연에는 수많은 생물이 있어요. 정식으로 175만 종 이상이 등록되었고, 실제로는 1,400만 종 이상이 지구상에 있을 것이라 예상하고 있습니다. 린네가 활동하던 당시의 분류학이란 '생물의 이름을 짓고 분류하는 것' 정도였지만, 현대의 분류학은 더 광범위한 영역을 연구합니다. '생물의 종류와 다양성, 그리고 그들 사이의 모든 관계'까지요. 다시 말해 분류학은 현대의 생물 다양성이 얼마나 중요한지 살피며 진화의 역사 전체를 밝히는 중요한 연구입니다.

　누구나 생물 다양성이 중요하다는 것은 알고 있을 거예요. 단편적으로 생물은 인간에게 의식주를 제공해 줍니다. 생물이 없다면 우리 인간도 살 수 없죠. 나무가 이산화탄소를 제거해 주고, 세균이 사체와 배설물을 분해해 주니까요. 생물은 의약품도 제공해요. 예컨대 인삼에 들어 있는 사포닌은 면역을 강하게 하고 항암 작용도 합니다. 그런데 분류학적으로 비슷한 생물인 더덕과 도라지에도 사포닌이 포함되어 있다고 하니, 정확한 분류를 알면 우리의 생활이 더욱 윤택해지겠죠.

　그럼 생물을 분류하는 간단한 방법을 알아볼게요. 린네는 움직일 수 있는 '동물계'와 움직이지 못하는 '식물계'로 생물을 나누었어요. 이것이 분류의 가장 상위 체제인 '계'예요. 그리고 계에 속한 생물들의 특징을 나누어 '강'으로 분류하고, 같은 식으로 점차 세밀하게 나누었답니다.

　현대 분류 체계는 린네가 세운 체계에서 더 발전했어요. 현미경의 발달로 눈에 보이지 않는 단세포 생물들이 발견되었거든요. 과거에 있었던 오류를 수정하기도 했습니다. 버섯과 곰팡이는 처음에 식물로 분류되었지만, 광합성을 하지 못해서 식물계에서 빠졌습니다. 그 대신 식물계와 동물계 외에 3개의 계가 추가됩니다. 버섯, 곰팡이처럼 움직이지는 못하지만 다른 생물에게서 영양분을 얻는 균계, 짚신벌레, 아메바 같은 단세포 생물들이 속한 원생동물계, 핵막이 없는 세균이 속한 세균계입니다. 우리는 중학교에서 이 정도로 배우지만 더 세밀하게 나누는 분류법도 존재하니 참고하자고요.

'계'에서 '종'에 이르는 분류 체계는 다음과 같습니다. 영문 명칭도 같이 소개해 볼게요.

계Kingdom – 문Division – 강Class – 목Order – 과Family – 속Genus – 종Species

그럼 사람이 어떻게 분류되는지 살펴볼까요?

동물계 – 척추동물문 – 포유강 – 영장목 – 사람과 – 사람속 – 사람종

사람과 원숭이는 목 단계에서 나뉩니다. 사자와 호랑이는 둘 모두 식육목 고양잇과예요. 목을 지나 과까지 같죠. 그러니 사자와 호랑이가 침팬지와 인간보다 더 비슷한 생물이라고 할 수 있겠습니다. 이렇게 하위 분류 단계까지 같을수록 점점 비슷한 생물이고 유연관계가 가깝다고 해요.

유연관계

생물의 분류에서, 발생 계통 가운데 어느 정도 가까운가를 나타내는 관계.

이제 명명법을 알아보겠습니다. 린네가 창안한 이명법은 속명과 종명 그리고 명명자의 순서대로 쓰는 거예요. 단, 속명과 종명은 기울인 이탤릭체로 씁니다. 인간의 학명인 호모 사피엔스^{Homo} ^{Spiens}를 예로 들어 볼게요.

$$\textit{Homo sapiens} \text{ Linne}$$

속명　　종명　　명명자

고대 인류를 떠올려 봅시다. 대표적으로 네안데르탈인, 오스트랄로피테쿠스가 있죠. 정확한 명명법은 각각 호모 네안데르탈렌시스$^{Homo\ neanderthanlensis}$, 오스트랄로피테쿠스 아파렌시스^{Australopithecus} ^{afarensis}입니다. 누가 현생 인류와 더 가까울까요? 맞아요. 속명까지 가까운 네안데르탈인이 오스트랄로피테쿠스보다 더 가깝습니다.

　　마지막에 붙은 'Linne'는 뭐냐고요? 바로 명명자입니다. 우리나라 국화인 무궁화의 학명이 뭔 줄 아세요? 바로 '$\textit{Hibiscus}$ $\textit{syriacus}$ L.'입니다. 여기서 명명자로 붙은 'L'은 린네를 뜻해요. 린네가 무궁화를 발견하고 여기에 학명을 붙인 사람이라는 뜻입니다. 이처럼 린네는 생물 분류학의 기초를 다지고 발전시켰어요. 린네를 분류학의 아버지라고 부르는 이유입니다. 이제 분류 체계와 명명법을 잘 알겠죠?

린네는 인간을 어떻게 분류했을까

린네가 살던 시기에는 기독교가 세상의 중심이 되는 시기였어요. 인간은 신이 창조한 특별한 존재였죠. 린네는 사람을 유인원과 어떻게 구별할지 고민했어요. 유인원은 침팬지, 고릴라처럼 꼬리가 없는 영장류를 말해요. 결국 린네는 인간과 유인원을 구별하는 특징이 없다고 말해요. 인간이 특별한 존재가 아니라 영장류와 비슷한 동물이라는 거죠. 이 주장은 많은 신학자에게 공격을 받았습니다. 하지만 현대에 와 DNA를 분석해 본 결과, 인간과 침팬지는 97퍼센트 DNA가 같다고 합니다. 린네의 생각이 틀리지 않은 거죠. 호모 사피엔스, 그러니까 '지혜로운 인간'이라는 린네의 최초 명명이 지금까지 인간의 지위를 지켜 주었다고 할 수 있겠네요. 이처럼 린네는 세상에 존재하는 모든 생물을 세심히 들여다보고 그에 적확한 이름을 붙여 주려 한 훌륭한 생물학자였습니다.

생물 분류법의 발전

이 세상에는 얼마나 많은 생물이 있을까요? 2001년 유엔 환경 계획에 따르면 정식으로 학계에 이름을 올린 종은 약 175만 종이고, 등록되지 않은 생물까지 합하면 1,400만 종 이상일 것으로 추정됩니다. 매년 새로운 종의 생물이 발견되고 분류학자들은 이 생물의 분류학적 위치를 찾기 위해 노력하고 있답니다.

그럼 계통 분류학의 정의는 무엇일까요? 식물 계통학자인 마이클 심슨에 따르면 '생물의 종류와 다양성, 그리고 그들 사이의 모든 관계에 관한 과학적인 연구'라고 해요. 이렇게 생물을 분류하는 목적은 세계 모든 사람의 소통을 돕고, 진화를 설명하고 지구상의 모든 생물에 대한 데이터베이스를 제공하는 데 있습니다. 물론 멸종 위기종 보호를 위한 정보도 제공하고요.

그럼 생물 분류의 과정을 알아봅시다. 고대 철학자 아리스토텔레스는 모든 생물을 움직이는 동물과 움직이지 못하는 식물로 나누었어요. 린네는 아리스토텔레스의 생각을 참고해 생물계를 동물계와 식물계로 나누고 각각의 계를 강으로 나누었습니다.

하지만 현미경이 발달하면서 눈에 보이지 않는 생물들이 발견되었어요. 처음에는 눈에 보이지 않는 생물도 움직임이 있으면 동물계, 없으면 식물계로 분류했어요. 하지만 둘 중 어디에도 속하지 않는 생물이 발견되었죠. 이에 독일의 생물학자 에른스트 헤켈은 1866년에 이 생물들을 원생생물계로 분류하자고 제안해 생물의 3계 체계를 만들었어요. 이때부터 생물은 동물계, 식물계, 원생생물계로 나눌 수 있었답니다.

이후 전자 현미경이 발명되면서 세균들을 자세히 보게 되었어요. 핵막이 있는 세균을 진핵생물, 핵막이 없는 세균을 원핵생물이라고 부르게 되었어요. 이때부터 원핵생물은 별도의 계로 분류하게 됩니다. 이제 동물계, 식물계, 원생생물계, 원핵생물계의 4계 체계가 되었네요.

이때까지도 버섯과 곰팡이는 식물계에 속해 있었어요. 하지만 광합성을 하는 식물들과 달리 버섯과 곰팡이는 다른 생물로부터 영양분을 얻었죠. 미국의 식물학자 로버트 휘태커는 1969년에 버섯, 곰팡이를 분리해 균계로 분류하자고 제안합니다. 우리가 중학교에서 배우는 분류 체계가 이때 완성됩니다. 동물계, 식물계, 원생생물계, 원핵생물계, 균계입니다.

현재는 원핵생물계에서 고세균을 분리했어요. 고세균은 온도가 높거나 산소가 없는 거친 환경에서 사는 세균을 말해요. 고등학교에서는 3역 6계 체계를 배워요. 3역은 가장 높은 분류 단계로, 세균역(세균계), 고세균역(고세균계), 진핵생물역으로 나누고, 진핵생물역에는 원생생물계, 균계, 식물계, 동물계가 포함되어 총 6계 체계가 됩니다.

현대 생물학의
체계를 정립하다

모든 종은
공통 조상에서
나왔다

#혁명적
진화론자

사교성					
대담성					
계획성					
인내력					
감성					

3

진화론의
토대를 세우다

찰스 다윈
Charles Darwin

1809~1882

영국 출생

박물학자, 생물학자

대표 업적

자연 선택에 의한 진화론의 기틀을 세움

《비글호 항해기》,《종의 기원》,《인간의 기원과 성 선택》저술

1800년대 영국은 세계 최강의 국가였어요. 전 세계에 식민지를 두고 관리하며 경제적 이익을 얻었습니다. 그런데 식민지를 더 효율적으로 관리하려면 정확한 지도가 필요했습니다. 함선이 전 세계를 돌아다니면서 해안선을 정확히 측량해야 했죠. 무게 500톤의 비글호는 그 임무를 수행하기 위한 두 번째 출항을 앞 두고 있었습니다. 당시에는 대서양을 건너 남아메리카를 돌아 태평양으로 갔는데, 남아메리카 끝의 마젤란 해협은 지리가 굉 장히 복잡했어요. 비글호는 이 마젤란 해협의 지도를 정확히 만 드는 임무를 맡았습니다.

돛대 밑 골방의 박물학자

비글호의 로버트 피츠로이 함장은 당시 관례대로 승선 박물학자를 모집했어요. 박물학은 동물학, 식물학, 광물학, 지질학을 통틀어 이르는 말로 당시 새롭게 발견되는 동식물과 광물의 표본을 수집하던 학문이에요. 함장은 외로움을 타는 성격이라 자신과 대화할 수 있는 사람이길 바랐죠.

케임브리지 대학교에서 박물학을 공부하던 22세의 찰스 다윈은 이 이야기를 듣자마자 매우 들떴어요. '이건 내 자리다!' 하고 생각했죠. 다윈은 어려서부터 박물학에 관심이 많았습니다. 역사, 언어 과목 성적은 안 좋았지만, 처음 보는 곤충을 잡을 때는 흥분으로 가득 찼어요. 독일의 모험가 알렉산더 폰 훔볼트의 남아메리카 적도 지방 여행기를 읽고 세계여행의 꿈을 키우기

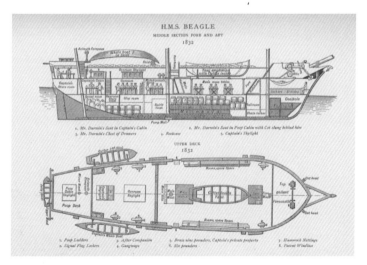

비글호의 구조도

도 했답니다.

하지만 아버지의 반대가 심했어요. 아버지는 다윈이 목사가 되기를 바랐고, 배를 타는 것은 목사가 되는 데 도움이 되지 않았거든요. 게다가 3년간의 항해가 고단하리라는 것은 불 보듯 뻔했습니다. 비글호에서 다윈이 지내야 할 선실은 함장의 선실 바로 앞에 있는 공간으로 1평(3.3제곱미터)도 안되었습니다. 다윈의 키는 180센티미터가 넘었는데 방의 높이는 1.5미터 밖에 되지 않았죠. 게다가 세 번째 돛대가 지나가기에 침대도 놓지 못하는 곳이었습니다. 경비도 500파운드(현재 가치로 따지면 약 1억 원)나 내야 했고요. 이런 불편함과 고난에도 다윈은 비글호에 타기로 했답니다. 세계를 돌아다니며 박물학을 연구하고 싶던 그에게 불편함 따위는 사소한 문제였죠.

1831년 12월 27일 오전 11시 비글호는 드디어 잉글랜드 데번항을 출발해 대서양으로 떠납니다. 인류 과학사에 있어 가장 위대한 연구, '자연 선택에 의한 진화론'을 다룬 《종의 기원》의 시초가 된 역사적인 항해죠.

난관에도 불타오른 다윈의 열정

다윈의 비글호 항해는 계획했던 3년보다 길어졌어요. 1836년 10월 2일에 다시 영국에 도착했으니 4년하고 10개월을

여행한 거랍니다. 원래의 계획보다 거의 2년이나 길어졌어요. 흔들리는 함선 속 좁고 불편한 방에서 약 5년이라니, 다른 사람이라면 심각한 향수병에 걸렸을지도 모르겠습니다. 물론 다윈에게도 이 여행이 마냥 순탄하지만은 않았어요.

비글호는 아프리카의 카보베르데 제도, 브라질의 리우데자네이루, 아르헨티나의 부에노스아이레스, 포클랜드 제도와 마젤란 해협, 칠레 중부, 갈라파고스 제도, 뉴질랜드, 오스트레일리아, 모리셔스, 브라질을 거쳐 다시 영국으로 돌아왔죠. 말 그대로 세계여행입니다. 하지만 비글호는 호화 여객선이 아니었습니다. 전기가 없어 선원들은 주로 통조림을 먹었고, 아직 개척되지 않은 남아메리카는 야생 그대로였습니다. 한마디로 목숨을 건 여행이었죠.

실제로 비글호는 1883년 1월에 남아메리카 드레이크 해협에서 폭풍을 만나서 표류하다가 고래잡이 보트를 잘라 버려야 했죠. 칠레 중남부의 칠로에섬에 내린 첫날에는 붉은 불기둥을 뿜어내는 화산을 만났고, 콘셉시온 포구에서는 대지진을 맞닥뜨렸습니다. 지진에 따른 쓰나미로 콘셉시온의 한 마을 전체가 없어졌고 수많은 사람과 동물이 죽었습니다. 12일 동안 300번의 크고 작은 지진이 일어났으니 다윈은 대자연의 분노에서 어마어마한 두려움을 느꼈을 것입니다.

피츠로이 함장과의 다툼 때문에 배에서 내릴 뻔도 했어요. 피츠로이 함장은 노예제를 옹호했고, 다윈은 노예 제도의 비참한 현실을 말하며 그에게 반발했습니다. 말다툼은 고성으로 변했고 화가 난 다윈은 배에서 내린다고 했죠. 다행히 피츠로이 함장이 사과해서 일이 일단락되었습니다. 만약 피츠로이가 사과하지 않아 다윈이 비글호에서 내렸다면, 인류의 지성사에 지대한 영향을 미친 연구가 나오지 않을 뻔했어요.

그래도 다윈은 기운을 냈습니다. 비글호가 새로운 곳에 정박하면 내륙을 돌아다니며 미지의 땅에 새로운 생물이 있는지 찾았습니다. 부지런히 생물과 광물의 표본을 채집하고 기록했죠. 작은 배를 타고 아르헨티나의 산타크루스강을 탐험하던 때에는 내륙으로 들어갈수록 원주민과의 대립이 심해졌습니다. 다윈은 이런 위험 속에서도 남아메리카 원주민의 무덤을 뒤져 고고학 자료를 모으고 그들의 생활을 기록했습니다. 심지어 안데스산맥을 넘어 페루의 리마까지 갔으니 다윈의 열정은 정말 대단했다고밖에 말할 수 없습니다.

다윈의 대단한 점이 또 있어요. 5년의 항해 동안 경험한 일을 잊지 않도록 세세하게 일지를 썼다는 겁니다. 나중에 영국으로 돌아와 일지를 바탕으로 원고를 만들었는데 무려 2,000쪽에 달했다고 해요. 책으로는 18권이나 되는 대기록이었죠. 그 외에

다윈의 비글호 일지

도 알코올 표본 1,529점, 건조 표본 3,907점을 만들었고 각종 뼈
화석까지 모았습니다.

영국으로 돌아온 다윈은 이 모든 기록을 바탕으로 1839년
에 《비글호 항해기》를 펴냅니다. 상세한 삽화를 포함해 5년간의
항해를 설명한 일지입니다. 이 책을 본 많은 박물학자가 항해라
는 꿈을 키웠고, 이 책으로부터 영감을 받았습니다. 이 기록 자
체가 인류의 위대한 문화유산이라고 할 수 있겠네요.

핀치의 부리에서 얻은 진화론의 단서

《종의 기원》은 모든 생명이 공통 조상으로부터 진화했다고 설명한 책이에요. 당시 유럽은 '신이 인류를 비롯한 모든 생명체를 창조했다'는 창조론을 굳게 믿고 있었어요. 진화론을 주장하면 비난을 받는 것을 넘어 목숨도 위험할 수 있는 시대였죠. 하지만 다윈은 위험을 무릅쓰고 진화론을 주장합니다.

다윈이 최초로 진화론을 주장한 것은 아니에요. 1809년, 생물학자 장바티스트 라마르크가 자신의 책 《동물 철학》에서 '용불용설'을 소개했습니다. 자주 사용하는 기관은 발달하고, 사용하지 않는 기관은 퇴화한다는 이론이에요. 예를 들어 기린의 목은 높은 곳의 나뭇잎을 따먹으려고 점차 길어졌다는 겁니다.

하지만 용불용설에는 문제점이 있었어요. 후천적으로 획득한 형질은 유전되지 않는다는 사실이 밝혀졌기 때문이에요. 우리가 쌍꺼풀 수술을 한다고 자식에게 쌍꺼풀이 유전되지 않죠? 쌍꺼풀 수술을 한다고 유전자가 바뀌는 건 아니니까요.

다윈은 《종의 기원》의 주요 아이디어를 비글호 항해 중 갈라파고스 제도를 여행할 때 떠올린 듯해요. 갈라파고스는 남아메리카에서 1,000킬로미터나 떨어진 곳에 있는 10여 개의 섬이에요. 대륙에서 너무 떨어져 있다 보니 다른 데서 볼 수 없는 특별한 생물들을 볼 수 있었답니다.

섬마다 다른 핀치의 부리

    그중 하나가 핀치(되새류)였어요. 다윈은 섬마다 핀치의 부리 두께가 다른 것을 발견했습니다. 딱딱한 열매가 많은 섬의 핀치 부리는 두꺼웠고, 선인장을 먹이로 하는 섬의 핀치는 부리가 뾰족했죠. 다윈은 이것을 보고 "갈라파고스 제도에는 원래 이 새가 없었지만 한 종이 들어와 목적에 따라 여러 가지로 변했다"라고 일지에 기록해요. 이걸 풀어 설명해 봅시다. 딱딱한 열매가 많은 섬에서는 열매를 깨려면 부리가 두꺼운 것이 유리해요. 자연스럽게 부리가 얇은 새는 생존할 수 없어 전체적으로 새들의 부리가 두꺼워집니다. 마찬가지로 선인장이 먹이인 섬에서는 부리가 두꺼운 새보다 뾰족한 새가 생존 확률이 높은 것이죠. 이것

찰스 다윈

이 진화론의 기본 아이디어입니다.

다윈의 진화론으로 기린의 목이 길어진 이유를 설명해 볼게요. 사람의 키가 다른 것처럼 기린 목의 길이도 조금씩 달라요. 기린끼리 먹이를 두고 경쟁할 때 목이 긴 기린은 높은 나무의 나뭇잎까지 먹을 수 있어 생존에 유리해요. 결국 목이 긴 기린이 살아남아 점점 기린의 목이 길어지겠죠? 다윈은 이를 '자연 선택'이라고 했답니다.

다윈이 진화론을 다듬고 발전시키던 1858년 즈음, 앨프리드 러셀 월리스란 박물학자도 자연 선택에 의한 진화론 논문을 써요. 놀란 다윈은 서둘러 자연 선택에 의한 진화론을 린네 학회에서 월리스와 공동 발표합니다. 이후 1859년 다윈은 《종의 기원》을 출간해 모든 생물은 공통 조상으로부터 진화했다는 자연 선택설을 정식으로 발표합니다.

과학계에서는 난리가 났습니다. 당시 다윈의 진화론은 과학적으로 완벽히 엄밀하지 않았기 때문이죠. 게다가 신학계에서도 엄청난 비판이 쏟아졌습니다. 당시 신문에는 인간이 원숭이로부터 진화했냐며 대놓고 다윈을 비웃는 삽화가 실렸습니다. 다윈의 마음은 어땠을까요?

그래도 다윈은 자신의 학설을 끝까지 밀어붙이며 《가축과 농식물의 변이》, 《인간의 유래와 성 선택》 등 진화론을 주제로

다윈을 원숭이에 빗대어 풍자한 영국 신문의 만평(1871)

한 저서를 계속 발표합니다. 비록 발표 당시 《종의 기원》은 완벽하지 않았지만 지금까지도 많은 과학자가 이를 인류의 가장 위대한 연구로 인정합니다. 다윈은 인류의 역사와 사고방식을 바꾸고 후세 연구자들에게 커다란 영향을 준 생물학자인 거죠.

다윈의 아이디어에서 뻗어 나온 현대 생물학

다윈이 활발히 활동하던 시대에는 유전자라는 개념이 널리 퍼지지 않았어요. 유전 인자를 통해 형질이 유전된다는 학설은 다음 장에 소개할 유전학자 그레고어 멘델이 1865년에 발표했습니다. 《종의 기원》은 1859년에 나왔죠. 유전자라는 개념 없이 진화를 설명하다 보니 다윈의 진화론에는 불완전한 부분이 많았습니다.

일단 기린마다 목 길이가 다른 이유를 설명할 수 없었습니다. 같은 종에서 모양이 조금씩 다른 것을 '개체 변이'라고 해요. 얼룩말 무늬가 조금씩 다른 것도, 우리의 키가 조금씩 다른 것도 개체 변이죠. 이제 우리는 개체 변이가 유전자 때문에 생기는 것임을 알지만, 유전자 개념이 없던 다윈은 개체 변이를 설명할 수 없었죠.

다윈은 '혼합 유전'이라는 개념을 생각해 냈어요. 키가 큰 남자와 작은 여자가 결혼하면 중간인 아이가 태어난다는 거죠. 그런데 이게 사실이라면 세대가 지날수록 모든 사람의 키가 점차 비슷해져야 해요. 개체 변이가 없어지는 겁니다. 다윈의 진화론에서는 개체 변이가 있어야 자연 선택이 일어나는데 말이에요. 다윈은 스스로 모순에 갇힌 거죠.

이제는 동일한 생물 종이라도 유전자가 조금씩 다르다는 점이 밝혀졌습니다. 바로 그 유전자 때문에 개체 변이가 일어나는 거고요. 이 사실을 기반으로 진화론은 더 발전했습니다. 당시 사람들은 '공통 조상에서 모든 생물이 만들어졌다고 하는데, 어떻게 갑자기 사슴이 기린을 낳냐?'라고 다윈에게 반문했습니다.

그러나 진화는 아주 오랜 시간 동안 일어나요. 사슴이 기린을 낳는 것처럼 각각의 개체에서 진화가 일어나는 것도 아니고요. 집단의 유전자 빈도가 조금씩 변하는 겁니다. 갈라파고스의 어떤 섬에서는 두꺼운 부리를 만드는 유전자의 빈도가 높아졌고, 다른 섬에서는 뾰족한 부리를 만드는 유전자의 빈도가 높아진 것처럼요. 이것이 오랜 시간 누적되면 다른 종이 새롭게 진화하는 결과가 나온다는 거죠. 이는 모두 다윈의 연구에서 뻗어 나온 이론들입니다.

다윈의 '자연 선택에 의한 진화론'은 인류가 기나긴 생명의 역사에서 자신의 위치를 찾은 위대한 연구로 평가됩니다. 이는 모험심 넘치는 과학자 다윈이 비글호를 타고 목숨을 건 여행을 떠난 끝에 이룬 성과가 되겠습니다.

다윈보다 먼저 진화론을
주장한 학자들도 있다?

교과서에서 다윈의 자연 선택설과 대비해 소개하는 이론이 있어요. 바로 앞서 소개한 장바티스트 라마르크의 용불용설입니다. 용불용설은 말 그대로 사용하면 사용할수록 발달하고 사용하지 않으면 퇴화한다는 진화 이론이에요.

라마르크는 1809년 《동물 철학》에서 용불용설을 발표했습니다. 찰스 다윈의 《종의 기원》이 발표된 시기가 1859년이니 먼저 진화론을 주장한 것이죠. 그보다 더 전인 1794~1796년, 찰스 다윈의 할아버지인 이래즈머스 다윈은 《동물학》을 발표했어요. 《동물학》 역시 개량된 형질이 자손에게 전달된다는 라마르크와 비슷한 이론을 주장했으니 할아버지 다윈이 진화론을 먼저 주장한 것이라고 할 수 있겠네요.

앞서 밝혔듯, 유전자 연구가 발전하면서 용불용설에 오류가 있음이 알려졌습니다. 용불용설에 따르면 후천적으로 획득한 형질이 유전되는데, 쥐 꼬리를 자른다고 그다음 세대에 꼬리가 없는 쥐가 나오지 않죠. 꼬리는 유전자 때문에 생기는 것이기 때문이에요. 현대에는 다윈의 자연 선택설의 영향을 받아, 시간이 흐를수록 집단의 유전자 빈도가 변하며 진화가 이루어진다고 받아들여지고 있답니다.

그런데 최근 후성 유전학이 주목받으면서 용불용설을 다시 보기 시작했어요. 후성 유전학은 '유전자 발현 조절'을 연구하는 학문이에요. 유전자는 변하지 않지만 어떻게 사용되느냐에 따라 자손의 형질이 달라진다는 겁니다. 후천적 경험이 다음 세대에 영향을 미치는지 실험한 결과도 있어요. 임신한 쥐를 굶겼더니 새끼 쥐가 당뇨병에 걸렸고, 당뇨병은 그다음 세대에도 나타났습니다.

일부 실험 결과일 뿐이지만 용불용설이 완전히 틀리지 않았을 가능성은 여전히 남아 있습니다. 비록 지금은 다윈의 진화론이 지배적이지만 연구는 계속될 것이고, 미래에는 진화론이 또 다른 형태로 변할 수 있습니다.

유전학의
수학적 토대를 닦은 수도사

유전을 일으키는
입자가 있다

#비운의
투잡러

사교성					
대담성					
계획성					
인내력					
감성					

4

유전 법칙을
최초로 발견하다

그레고어 멘델
Gregor Mendel

1822~1884

오스트리아 출생

식물학자, 원예학자, 수학자

대표 업적

입자 가설 증명, 유전 법칙 정립

〈식물의 잡종에 관한 연구〉 저술

돌연변이 연구로 잘 알려진 네덜란드의 식물학자 휘호 더프리스를 아시나요? 더프리스는 감자밭에서 야생 달맞이꽃의 새로운 형태를 발견했어요. 바로 왕달맞이꽃이에요. 더프리스는 '돌연변이'라는 용어를 도입해 이 새로운 변이를 설명했고, 이후에도 식물 잡종 연구에 매진했어요.

더프리스가 활동하던 19세기 말에는 '혼합 가설'이 주를 이룬 시대였어요. 혼합 가설은 피부색이 짙은 사람과 옅은 사람이 결혼하면 물감처럼 섞여 중간 정도 사람이 나온다는 가설이에요. 그런데 달개비로 교잡 실험을 하던 더프리스는 '입자 가설'을 증명하는 결과를 얻습니다. 입자 가설은 유전을 일으키는 입자가 있다는 가설이죠. 이 입자는 지금 우리가 알고 있는 유전자인 거고요. 1899년, 더프리스는 세계 최초로 입자 가설을 발표할 꿈에

부풀어 있었어요. 유전 연구의 역사에서 맨 앞쪽을 차지할 수 있겠다고 생각하면서요.

오래된 서가에 숨겨져 있던 천재적 연구

그러나 예상과 달리 이 식물학자는 생애 가장 큰 좌절을 맞보게 되었어요. 역사의 한 페이지를 확실히 하려고 도서관으로 가서 참고 문헌을 정리하던 더프리스는 구석에서 사람들이 거의 찾지 않던 멘델의 연구서를 발견했어요. 멘델은 이미 30년 전에 입자 가설에 입각한 유전학 연구를 거의 완벽히 해냈어요. 유전학 역사책에는 멘델이 기록되어야 했습니다.

더프리스와 비슷한 시기에 독일의 식물학자 카를 코렌스와 오스트리아의 농학자 에리히 체르마크 폰 세이세네크도 유전을 연구하고 있었어요. 모두 입자 가설을 증명하려 하고 있었죠. 이 세 명이 독자적으로 진행한 유전학 연구는 모두 멘델이 이미 완성한 연구였어요. 이를 알게 된 셋 모두 상심이 컸어요. 심지어 처음에는 멘델을 언급하지 않았답니다. 그때 멘델은 죽어 이 세상에 없었습니다. 연구 결과도 도서관 구석에 있고, 인용도 거의 안 되어 있으니 영광을 차지하려는 속셈도 있었을 거예요.

하지만 셋은 멘델을 인정하지 않을 수 없었답니다. 셋은 과학자의 양심으로 멘델이 입자 가설에 의한 유전 법칙을 완성했

그레고어 멘델

다고 발표합니다. 결국, 1900년 이 세 과학자가 발표한 연구 결과는 멘델의 유전 원리를 더욱 견고하게 해 주는 후속 연구가 되었습니다.

이제 전 세계 학생들은 멘델의 유전 법칙을 배웁니다. 우리도 중학교에서 배우죠. 멘델이 연구했던 내용을 바탕으로 유전의 기본 원리를 익히는 겁니다.

다양한 공부로 힘을 기르다

멘델의 유전 연구는 1866년에 출간되었어요. 세 과학자는 멘델의 연구 결과를 발견하지 못한 채 독립적으로 유전 연구를 했지만, 멘델보다 과학이 훨씬 발달한 시대를 살고 있었어요. 19세기 후반에 현미경이 발달해 세포 속을 들여다볼 수 있었거든요. 과학자들은 핵의 존재를 확인했고, 염색체도 봤죠. 미국의 유전학자 월터 서턴은 체세포마다 염색체가 일정하다는 사실과 상동 염색체의 존재를 증명했어요. 이때가 1902년입니다. 핵 속 염색체의 움직임을 보면 유전자가 움직이는 방향을 예측할 수도 있었어요.

아무튼 세 과학자가 연구했던 때는 유전 법칙을 발견할 만한 도구와 기술이 이미 마련된 시기였죠. 하지만 멘델이 살던 시대에는 그런 환경이 갖추어지지 않았습니다. 멘델은 오직 완두

상동 염색체
어버이로부터 1개씩 물려받은, 모양도 같고 크기도 같은 한 쌍의 염색체.

를 키워 유전 법칙을 발견한 것이죠. 그는 우연히 이 원리를 발견했을까요? 아닙니다. 많은 공부와 노력 덕분이었어요. 이제 멘델이 연구한 과정을 한번 살펴볼게요.

멘델은 1822년 오스트리아 제국의 하이젠도르프라는 작은 마을에서 태어났습니다. 오늘날의 체코 힌치체 지역이에요. 멘델은 공부를 하고 싶었지만 가난한 집안에서 태어났기에 대학에는 갈 수 없었어요. 멘델의 공부 열망은 대단해서 1843년에 브르노에 있는 아우구스티누스 수도원에 들어가요. 당시 수도원에서는 뛰어난 사람들을 대학으로 보내 공부하게 했거든요. 멘델은 신학 공부를 마치고 고등학교 교사로 일하기도 했어요. 1850년에는 정식 교사가 되기 위해 시험을 치렀습니다. 아쉽게도 마지막 단계에서 탈락했는데, 멘델은 상심했을지 몰라도 우리에게는 얼마나 다행인지 모릅니다. 고등학교 교사를 했다면 위대한 멘델의 법칙이 나오지 않았을지 모르니까요.

멘델은 뛰어난 학생이었어요. 1851년, 29세의 나이에 드디어 빈 대학교에서 공부할 기회를 얻습니다. 멘델은 도플러 효과를 발견한 대학자 크리스티안 도플러 밑에서 물리학을 배웠습니다. 이 밖에도 훌륭한 교수들에게 2년 동안 물리학, 화학 등 다양한 학문을 배웠어요. 특이하게 통계학과 확률도 공부했죠. 대학에서 익힌 여러 학문은 그가 완두콩을 이용해 유전 원리를 증명하는 기틀이 되었습니다.

완두콩으로 정설을 뒤집다

멘델은 완두를 유전 연구의 재료로 선택했어요. 유전 연구 재료는 한 세대가 짧아야 해요. 사람의 경우 아기가 자손을 낳으려면 20년 이상이 걸리니(생물학적으로 더 빨리도 가능하지만요) 여러 세대를 연구하기 어렵습니다. 아울러 많은 자손이 나와야 하고, 형질이라고 불리는 특징도 뚜렷해야 해요. 완두콩은 색이 노란색과 초록색으로 뚜렷이 구별되어 연구 재료로 안성맞춤이었답니다.

멘델은 1856년부터 본격적으로 유전 연구를 시작했어요. 수도원 한쪽에 온실을 만들었죠. 무려 2만 8,000포기의 완두를 심었고, 7년 동안 열린 완두콩의 숫자를 셌습니다. 그리고 노란색 완두콩과 초록색 완두콩의 수를, 둥근 완두콩과 주름진 완두콩의 수를 세대별로 셌죠. 그 결과 그는 통계적 규칙을 발견했습니다.

멘델의 발견이 대단한 이유는 당시 세상을 지배하던 과학적 원리를 뒤집는 내용이었기 때문이에요. 모두가 하늘이 돈다는 천동설을 믿을 때 지동설을 주장한 니콜라우스 코페르니쿠스처럼, 모두가 창조론을 믿을 때 진화론을 주장한 찰스 다윈처럼 그는 혁명적인 주장을 한 학자였죠.

니콜라스 하르트수커르의
<작은 인간>

당시 사람들이 믿은 유전 이론은 잘못되었어요. 1694년 네덜란드의 수학자 니콜라스 하르트수커르가 그린 〈작은 인간〉을 살펴봅시다. 정자 안에 작은 인간이 웅크리고 앉아 있어요. 사람의 정자에 그 사람의 특징이 들어간 작은 사람이 들어가 있다는 것입니다. 작은 사람이 여자의 자궁에서 커 완전한 인간이 된다고 믿었는데, 이런 생각에는 기독교적인 믿음이 강하게 들어 있어요.

위대한 찰스 다윈도 비슷한 이론을 발표했어요. 모든 세포가 그 사람의 특징을 나타내는 '작은 눈'이라는 입자를 만드는데 이것이 정자나 난자 속으로 들어가 합쳐진다는 이론이에요. 빨

그레고어 멘델

간색과 파란색의 물감을 섞으면 보라색이 되는 것처럼 부모의 형질이 섞여서 자손에 나타난다는 혼합 가설을 따른 것이었죠.

하지만 멘델은 완두 실험에 기반해 입자 가설을 주장해요. 유전을 일으키는 입자가 존재한다는 것이죠. 지금 우리가 알고 있는 유전자의 존재를 주장하고 실험으로 증명한 거예요. 수많은 사람과 위대한 학자까지 굳게 믿고 있는 정설을 뒤집는 것은 쉬운 일이 아니에요. 아마 멘델은 직접 실험하면서도 의아했을 겁니다. '왜 완두콩의 숫자가 이렇게 나올까?' 하고요. 그러나 다른 사람의 믿음에 기대기보다 자신의 실험 결과를 믿는 것이 진정한 과학자의 태도입니다. 이제 멘델이 연구한 유전 원리를 보도록 해요.

멘델의 유전 법칙 대탐구

먼저 '형질'이라는 용어를 알아봅시다. 형질은 생물이 가지고 있는 특징이나 성질을 말해요. 인간의 형질로는 키, 혈액형, 눈꺼풀 등이 있어요. 그런데 혈액형은 A형, B형, AB형, O형 네 가지 종류가 있어요. 눈꺼풀은 쌍꺼풀과 외꺼풀 두 가지가 있죠. 이처럼 한 형질이 보이는 여러 종류의 특징을 '대립 형질'이라고 합니다. 정리하자면 눈꺼풀은 형질, 쌍꺼풀과 외꺼풀은 대립 형질이 되는 겁니다.

멘델은 대립 형질이 두 가지인 형질 일곱 가지를 선택했어요. 다음 표는 멘델이 선택한 완두콩의 형질과 그것의 대립 형질이에요.

	콩 모양	콩 색	꽃 색	콩깍지 모양	콩깍지 색	줄기 길이	꽃 위치
우성	둥근 모양	노란색	보라색	매끈한 모양	초록색	큰 줄기	가지 사이
열성	주름진 모양	초록색	흰색	잘록한 모양	노란색	작은 줄기	가지 끝

멘델이 실험한 일곱 가지 형질

멘델은 유전을 일으키는 입자를 유전 인자라고 했어요. 그리고 '유전 인자는 쌍으로 가지고 있다'고 가정했죠. 현대의 기준으로 생각해 보면 유전 인자는 유전자이고, 쌍으로 있다는 것은 상동 염색체가 됩니다. 현미경으로 보지도 못했는데 상동 염색체를 예견하다니 대단한 연구가 맞죠?

이제 사람의 머리카락 색을 예로 들어 표에 나오는 용어 '우성'과 '열성'을 설명해 볼게요. 실제로 이렇다는 것이 아니라 이해를 위한 극단적 설명이니 참고하고요. 사람의 머리카락 색이

그레고어 멘델

빨간색과 파란색만 있다고 생각해 보세요. 유전자를 일종의 페인트라고 가정해 보고요. 유전자는 쌍으로 가지니 두 가지 페인트를 가질 수 있어요. 그럼 빨간색 페인트를 2개 가지는 유전자를 '빨빨'이라고 할게요. 이 사람의 머리카락은 무슨 색이 될까요? 맞아요. 빨간색이에요. 반대로 '파파' 유전자를 가진 사람은 파란색 머리카락 색이 될 거예요. 그럼 자연스러운 의문이 하나 생기죠? '빨파' 유전자를 가진 사람은 어떻게 되느냐 하는 것입니다. 자식을 낳아 보니 빨간색 머리카락이네요. 이상하죠? 빨간색과 파란색 페인트가 섞여 있는데 빨간색으로 나오니 말이에요. 빨간색 페인트가 파란색 페인트를 이기고 겉으로 형질로 나타난 거예요.

멘델은 이를 '우열의 법칙'이라고 했어요. 즉, 두 가지 대립 형질의 유전 인자가 만나면 그중 1개만 표현된다는 거죠. 빨간색처럼 표현되는 대립 형질을 '우성', 파란색처럼 표현되지 않는 형질을 '열성'이라고 했어요.

자, 멘델은 노란색 완두콩과 초록색 완두콩을 심어 둘을 인위적으로 교배했어요. 이 완두콩의 유전자는 '노초'지만, 모두 노란색 완두콩이 열렸답니다. 그래요. 노란색 완두콩이 초록색 완두콩보다 우성이었던 것이죠. 어, 그러면 대를 거듭하다 보면 초록색 완두는 사라지고 노란색 완두만 남지 않을까요? 그렇지 않아요. 열성 유전자가 잠재되어 있기 때문입니다.

멘델은 유전 원리를 설명하기 위해 '생식 세포가 형성될 때 쌍으로 된 유전 인자는 나뉜다'라고 가정했어요. 완두의 꽃에는 암술과 수술이 있어요. 암술에서는 난자를, 수술에서는 꽃가루를 만들어요. 이들이 생식 세포를 만들 때 유전 인자는 하나만 포함됩니다. 그리고 꽃가루와 난자의 유전 인자가 합쳐져 다시 새로운 쌍을 이룹니다. 이는 현대의 유전학이 설명하는 감수 분열과 일맥상통합니다. 정자나 난자 같은 생식 세포가 만들어질 때, 상동 염색체는 반틈으로 나뉘거든요. 물론 완두콩의 숫자가 그것을 통계적으로 알려 준 것이지만요.

이제 더 나아가 봅시다. '노초' 유전 인자를 가진 완두콩을 심어 이들끼리 교배시켜 볼게요. 그럼 다음 표처럼 '노', '초' 유전

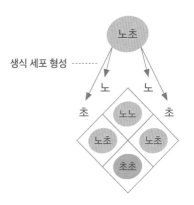

완두콩 색깔로 나타나는 우열의 법칙

인자를 가진 꽃가루와 난자가 만들어져요. 이들이 무작위로 만나 완두콩이 열리게 됩니다. 우열의 법칙에 따라 '노노', '노초'는 노란색, '초초'는 초록색 완두콩이 됩니다. 표를 보니 노란색:초록색=3:1의 비율로 나타나네요. 노란색 완두끼리 교배했지만, 초록색 완두콩이 나왔다는 게 핵심이에요. 바로 잠재된 열성 유전자가 발현된 거랍니다.

사람에게서도 이런 경우를 찾을 수 있어요. 여러분 부모님 두 분이 모두 A형 또는 B형인데 내가 O형인 사람이 있나요? 아마도 많을 거예요. 혈액형 유전자는 3개가 있어요. A, B, O입니다. 유전자는 쌍으로 가지고 있으므로 세 가지 중 2개를 갖는 거예요. 조합을 생각해 보면 AA, AO, BB, BO, AB, OO로 총 여섯 가지 조합이 나와요. A, B 유전자는 서로 우열이 없고 O 유전자에 대해서는 우성이에요. 기호로 표시하면 A=B>O라고 할 수 있겠네요. 그래서 우열의 법칙에 따라 AA, AO는 A형, BB, BO는 B형이 되는 거예요. 부모님이 모두 A형이지만 O 유전자가 잠재되어 있는 AO라면, O 유전자끼리 만나 O형이 태어나기도 합니다.

세상의 모든 사람이 혼합 가설을 믿을 때, 용감한 멘델은 오랜 실험을 거쳐 입자 가설을 증명했어요. 그러나 1865년 자연 과학 학회에서 이를 발표했을 때, 통계를 이용한 멘델의 연구를 이해한 과학자는 없었습니다. 멘델은 동료 과학자들에게 편지를

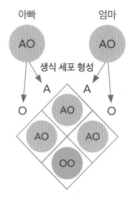

혈액형으로 나타나는 우열의 법칙

써서 자신의 연구 결과를 알리려 했지만, 모두 그 중요한 결과를 보지 못했어요. 1900년까지 멘델의 책이 도서관 한구석에 있었던 것만 봐도 알 수 있죠.

멘델은 1865년 〈식물의 잡종에 관한 연구〉라는 논문을 발표해 자신의 연구를 세계에 알리려 했지만, 1868년 수도원장이 죽은 후 후임 수도원장으로 선출됩니다. 연구는 방치되고 멘델은 수도원장 임무를 수행하다가 1884년 죽습니다. 멘델 본인도 자신의 연구가 이렇게 위대할지는 몰랐을 거예요. 역시 위대한 과학자는 죽은 뒤 더 빛이 나나 봅니다. 학교에서 멘델의 법칙을 배울 때, 사람들이 몰라주었음에도 훌륭한 연구를 해낸 멘델을 기려 봅시다.

멘델의 법칙에 예외는 없을까

멘델의 세 가지 법칙을 다시 정리해 보겠습니다. 첫 번째 법칙은 우열의 법칙입니다. 대립 유전자가 만나면 한 가지 형질만 나타나는 것이죠. 노란색 완두콩(YY)과 초록색 완두콩(yy)을 교배하면 모두 노란색 완두콩이 열리는 것처럼요. 노란색 유전자(Y)와 초록색 유전자(y)를 모두 가지고 있지만, 노란색 유전자만 표현된 거예요.

두 번째 법칙은 분리의 법칙입니다. 생식 세포를 만들 때, 감수 분열이 일어나는 것을 말해요. 세 번째 법칙은 독립의 법칙입니다. 완두콩의 색깔(노란색과 초록색), 완두콩의 모양(둥근 것과 주름진 것)은 서로 영향을 미치지 않고 독립적으로 유전된다는 것이랍니다.

그런데 멘델의 유전 법칙에 어긋나는 사례가 이후에 많이 발견되었어요. 먼저 첫 번째 우열의 법칙을 살펴봅시다. 분꽃의 경우 붉은색(RR) 분꽃과 흰색(WW) 분꽃을 교배하면 모두 분홍색(RW) 분꽃이 피었어요. 우열이 성립하지 않고 마치 물감을 섞은 것처럼 중간색이 나온 거죠. 이는 우열의 법칙에 어긋나는 현상입니다.

하지만 이 결과로 멘델이 완전히 틀렸다고 할 수 없어요. 분홍색(RW) 분꽃을 자가 교배했더니 붉은색:분홍색:흰색이 1:2:1의 비율로 나타났기

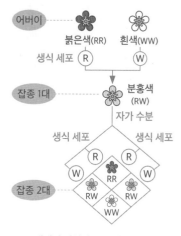

어버이 ········ 붉은색(RR) 흰색(WW)

생식 세포 (R) (W)

잡종 1대 ········ 분홍색
(RW)

자가 수분

생식 세포   생식 세포

(R) (R)

(W) RR (W)

잡종 2대 ······· RW RW

WW

멘델의 법칙과 분꽃 잡종 교배

때문이에요. 물감이 섞이는 것처럼 혼합 유전이 일어난다면 분홍색끼리 교배했는데 붉은 색과 흰색이 나올 리 없죠. 이런 결과는 오히려 멘델의 분리의 법칙이 잘 들어맞는다는 사실, 유전자가 존재한다는 사실을 확인하는 계기가 되었답니다.

세 번째 법칙인 독립의 법칙에도 오류가 있어요. 우리 인간의 상동 염색체는 23쌍(46개)이 있습니다. 현재 인간의 유전자는 약 4만 5,000개 이하로 추정되고요. 4만 5,000개의 유전자는 23쌍의 염색체 위에 올려져 있습니다. 단순하게 나눠 보면 한 쌍의 염색체당 유전자 2,000여 개가 있다는 뜻입니다. 세포가 분열할 때는 염색체 단위로 움직이므로, 한 염색체 위에 있는 유전자들은 서로 같은 영향을 받겠죠. 우연하게도 멘델이 사용했던 7개의 유전자는 모두 서로 다른 염색체 위에 있었답니다.

5

미생물 연구로
수많은 생명을 살리다

루이 파스퇴르
Louis Pasteur

1822~1895

프랑스 출생

미생물학자, 생화학자

대표 업적

닭 콜레라, 탄저병, 광견병 백신 개발
저온 살균법 개발
백조목 플라스크 실험으로 자연 발생설 부정

여러분은 파스퇴르라는 이름을 들어 봤을 거예요. 유명한 우유 상표 이름이니까요. 루이 파스퇴르는 우유를 신선하게 유통할 수 있게 하는 저온 살균법을 개발한 프랑스의 과학자예요. 그는 어린이와 청소년의 건강을 위해 특허를 포기했죠. 그 위대한 정신을 이어받아 우유 회사에서도 '파스퇴르 우유'라는 이름을 붙였을 겁니다. 파스퇴르는 그것 말고도 엄청난 연구를 많이 했어요. '미생물학의 아버지'라고 불리는 위대한 생물학자, 파스퇴르의 연구를 알아보겠습니다.

프랑스인들이 사랑하는 과학자

다음 그림은 유로를 사용하기 전에 프랑스가 사용하던 5프랑짜리 지폐예요. 우리나라도 마찬가지지만 지폐에는 나라를 빛

5프랑 지폐 속의 파스퇴르

낸 위인의 사진이 들어갑니다. 우리나라 1만 원권의 세종대왕과 5만 원권의 신사임당처럼 말이에요. 파스퇴르는 2005년 프랑스 국민이 뽑은 위인 2위에 올랐어요. 1위는 제2차 세계 대전의 영웅 샤를 드골이었습니다. 노벨상을 두 번이나 수상한 여성 과학자 마리 퀴리가 4위였고요. 이런 인물들과 어깨를 나란히 할 만큼 파스퇴르는 프랑스인들에게 존경받는 사람입니다. 도대체 이유가 무엇일까요?

지폐 속에서 그 힌트를 찾을 수 있습니다. 왼편에 광견병에 걸린 개와 싸우는 소년이 그려져 있어요. 당시 광견병은 치사율 100퍼센트에 이르는 무서운 질병이었죠. 광견병에 걸린 개에게 물리면 반드시 죽게 되어 있었다는 뜻이에요. 죽을 날만을 기다려야 하는 심정이란 얼마나 괴로울까요? 하지만 우리는 이제 광견병의 공포로부터 자유롭습니다. 파스퇴르 덕분이죠. 파스퇴르는 백신 요법을 이용해 최초로 광견병을 치료했답니다. 지폐의 가운데에는 실험 기구들이 보여요. 목이 기다랗게 휘어진 둥근 플라스크는 파스퇴르가 제작한 백조목 플라스크입니다. '생물 속생설'을 증명하는 데 사용했죠. 또 지폐의 위쪽에는 닭과 소 등의 가축이 그려져 있습니다. 질병의 개념이 없던 시대, 파스퇴르가 콜레라와 탄저병의 백신을 개발해 가축의 질병을 예방했기 때문입니다. 덕분에 농가의 생산이 비약적으로 늘었고요. 가축 아래 포도 그림이 있는 건, 파스퇴르가 포도주를 만들면서 저온 살균법을 개발했기 때문이랍니다.

이 모든 연구로 파스퇴르는 큰 부자가 될 수 있었어요. 특허를 내서 사용료를 받으면 되니까요. 하지만 파스퇴르는 그러지 않았어요. 자신의 연구 결과뿐 아니라 저온 살균 장치 도면까지 무상으로 공개했습니다. 오직 인류 복지에 공헌하리라는 어린 시절 다짐 때문입니다. 프랑스 국민이 뽑은 위인 2위에 오를 만하죠? 이제부터 파스퇴르의 업적을 하나하나 살펴봐요.

어린이들의 건강을 지킨 저온 살균법

파스퇴르는 1822년 12월 27일 프랑스 쥐라의 작은 시골 마을에서 태어났어요. 이때는 생물학적으로 무지했던 시절입니다.

콜레라 같은 질병은 공기에서 오는 독소 때문에, 흑사병은 악마 때문에 걸린다고 믿었죠. 세균과 바이러스 같은 미생물을 모르던 시절이니 당연한 일이에요.

1842년 파스퇴르는 파리 고등 사범 학교 입학시험을 치릅니다. 결과는 16등이었어요. 당연히 합격이었지만 완벽함을 추구하는 파스퇴르는 입학하지 않고 다시 공부합니다. 다음 해 입학시험에서 5등을 하고서야 입학하게 되죠.

물리학과 화학을 공부하던 파스퇴르는 이후 결정학을 집중적으로 연구합니다. 결정학은 결정질 고체의 원자 배열을 탐구하는 실험 과학으로 당시 유행하던 연구 주제였습니다. 파스퇴르는 결정학으로 박사 학위도 받고, 1848년 스트라스부르 대학의 화학 교수로 임명되었으며, 1852년에는 화학과 학과장까지 했습니다. 미생물 연구로 큰 업적을 남긴 그에게 조금은 어울리지 않아 보이는 행보입니다. 하지만 위대한 여정에 우연은 없습니다. 파스퇴르는 광물의 결정을 현미경으로 보면서 작디작은 미생물의 존재를 알게 되었습니다. 결정학을 연구하지 않았다면 눈에 보이지 않는 미생물을 연구하기 힘들었을 거예요.

당시 포도주와 맥주를 만드는 과정은 화학 반응이라고 여겨졌어요. 현미경으로 포도주와 맥주를 들여다보니 효모가 있었는데, 이를 복잡한 유기물이라고 생각했을 뿐 생명체라고 생각하지는 않았죠. 그러나 파스퇴르는 효모가 생물이고 발효가 생명 현상이라는 생각을 하게 됩니다. 곧 실험을 했고, 1857년에 〈젖산 발효에 관한 보고〉라는 논문을 통해 미생물학의 중요성을 널리 알립니다.

당시 우유는 목장에서 직접 짜서 가정으로 배달했습니다. 여름처럼 더운 날씨에는 먼 거리를 오면서 우유가 상해 버렸죠. 이 우유를 마신 아이들은 영문도 모르고 배탈이 나곤 했습니다. 미생물의 중요성을 깨달은 파스퇴르는 이 문제의 원인이 미생물이라는 것을 알게 되었습니다. 미생물은 가열하면 죽으니까, 파스퇴르는 우선 우유를 가열해 봤어요. 우유는 더 오래 보존되었지만, 고온에서 우유의 단백질이 변성되어 우유의 맛이 변해 버렸습니다. 그래서 파스퇴르는 저온 살균법을 연구합니다. 온도와 시간을 다르게 설정해 수백 번 우유를 끓이고 세균이 있는지 관찰한 거죠. 피나는 노력 끝에 파스퇴르는 적절한 온도와 시간을 찾았고, 그 후로 배달된 우유를 마셨다가 배탈이 나는 어린이는 드물어졌습니다.

자연 발생설에 종지부를 찍다

생물은 어떻게 생겨날까요? 고대 철학자 아리스토텔레스는 벼룩은 먼지에서 생기고, 구더기는 썩은 고기에서 생기며, 장어는 진흙에서 저절로 생겨난다고 했어요. 이처럼 생물이 자연에서 저절로 생겨난다는 것이 '자연 발생설'입니다. 이런 생각은 무려 1600년대까지 이어져요. 1665년, 이탈리아의 의사 프란체스코 레디는 이러한 생각에 의문을 가지고 실험을 해요. 레디는 병 2개에 고기를 넣었습니다. 병 하나는 그냥 두고, 다른 하나는 입구에 얇은 거즈를 씌웠어요. 곧 파리가 나타났고, 파리가 들어간 고기에서 구더기가 생성되었어요. 당시에는 곤충이 어떻게 생성되는지도 잘 알려지지 않았으므로, 레디는 실험을 통해 파리가 자연 발생하는 것이 아니라 알을 통해 발생한다는 사실을 밝힌 거죠. 하지만 안타깝게도 레디는 거즈로 입구를 덮은 병에서 미생물이 생성된 것을 보고 미생물은 자연 발생한다고 결론을 내렸어요.

200년이 흐른 뒤 파스퇴르가 이런 생각에 종지부를 찍습니다. 당시 미생물이 든 고깃국을 끓인 후 밀봉하니 미생물이 생기지 않았는데, 사람들은 뚜껑을 열어 공기 속 자연의 정기가 들어가야 미생물이 생성되는 거라고 믿었어요. 결국 공기가 통해도 미생물이 생성되지 않을 수 있음을 증명해야 했습니다.

파스퇴르는 이를 위해 백조목 플라스크를 만들었어요. 입구를 백조 목처럼 길게 늘려 S자 형태로 만든 플라스크입니다. 그는 플라스크를 끓여 미생물을 모두 살균 처리했어요. 백조목 플라스크 속은 공기가 통했지만 결국 미생물이 생기지 않았습니다. 미생물이 중력을 거슬러 플라스크 목을 통과하지 못하고 중간의 수증기에 붙잡힌 거예요. 그런데 기다란 플라스크 목을 분리하자 미생물이 생겨났습니다. 이로써 미생물도 미생물로부터 생성된다는 생물 속생설을 증명할 수 있었어요. 자연 발생설에 종지부를 찍은 거죠. 이 실험은 파스퇴르가 저온 살균법을 고안하는 계기이자, 질병은 미생물 때문에 발생한다는 '배종설'의 씨앗이 되기도 했습니다.

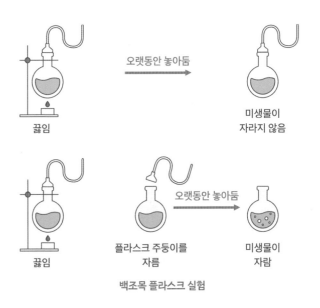

백조목 플라스크 실험

미생물 연구로 수많은 생명을 살리다

콜레라와 탄저병을 예방하다

1860년대까지는 위생의 개념이 없었습니다. 심지어 병원에서 손을 씻지 않고 환자를 치료할 정도였어요. 파스퇴르는 독소와 악마가 아니라 미생물이 전염병을 일으킨다고 주장했어요. 조지프 리스터라는 영국의 외과 의사는 균이 병을 일으킨다는 파스퇴르의 생각에 동의해 수술실에서 의사의 손이나 기구를 석탄산으로 살균했습니다. 덕분에 병원에서 감염으로 죽어 나가는 환자를 많이 줄일 수 있었답니다. 리스터 이후 영국은 비로소 근대적인 외과학을 시작할 수 있었습니다. 그래서 리스터는 항상 파스퇴르에게 감사를 전했죠.

파스퇴르는 탄저병이 탄저균 때문에 생긴다는 것을 실험으로 증명하고자 했어요. 지금부터 파스퇴르가 한 실험을 설명해 볼게요. 탄저병에 걸린 토끼의 혈액에서 탄저균이 발견되었어요. 이 피를 뽑아 다른 토끼에게 주입하면 탄저병에 걸려 죽었답니다. 하지만 탄저균이 아닌 핏속의 다른 어떤 것 때문에 탄저병이 생겼을 가능성도 있었어요. 핏속에서 탄저균을 제외한 다른 물질을 없애야 했습니다.

파스퇴르는 이 피 한 방울을 살균한 소변 50밀리리터에 넣었습니다. 피를 희석하되 탄저균은 증식시키려고요(소변에서는 탄저균이 잘 증식합니다). 그리고 이 희석한 소변 한 방울을 새로 살균한 소변 50밀리리터에 넣었어요. 다시 피가 희석된 겁니다. 같은 실험을 반복할수록 피의 성분은 거의 없어졌을 거예요. 파스퇴르는 이 과정을 무려 100번 실시합니다. $\frac{1}{100^{100}}$로 희석한 거예요. 이 정도면 원래 토끼에서 뽑은 혈액은 없다고 봐야 합니다. 그런데 이 오줌을 건강한 토끼에게 주입했더니 탄저병에 걸려 죽은 거예요. 엄청난 희석으로 원래 혈액 속의 무언가가 전해질 가능성이 없는 상태였는데도요. 탄저병은 탄저균이라는 세균 때문에 걸린다는 것이 증명된 겁니다. 이때부터 독소나 악마 때문에 병에 걸렸다는 인식은 자취를 감춥니다. 현대적인 의학도 본격적으로 시작하고요.

아울러 파스퇴르는 다양한 종류의 백신도 개발했습니다. 1879년 파스퇴르는 닭 콜레라 연구를 시작해요. 닭 콜레라 균을 닭에게 주입하자 콜레라에 걸려 죽었어요. 그런데 어느 날 닭들에게 콜레라 균을 주입해도 죽지 않았어요. 실험실에 있는 콜레라 병원균이 약해진 탓이었죠. 그래서 자연에서 강한 콜레라균을 찾아 닭들에게 다시 접종했습니다. 원래대로라면 닭들이 콜레라에 걸려 죽었어야 해요. 하지만 닭은 건강했습니다. 이런 결과를 통해 파스퇴르는 놀라운 사실을 깨달았어요. 약한 균에 감염된 적이 있으면 이후 강한 균에 감염되어도 치명적이지 않다는 것입니다. 이것이 바로 오늘날의 '예방 접종'입니다. 질병을 예방할 수 있게 된 것이죠.

사실 최초의 예방 접종은 영국의 의학자 에드워드 제너가 시작했어요. 지금은 사라졌지만 예전에는 천연두라는 질병이 있었습니다. 우리나라에서는 마마라고 불렀고 치사율이 높은 무서운 질병이었죠. 제너는 우두를 앓은 사람들이 천연두에 걸리지 않는다는 것을 발견하고 일부러 사람들에게 우두를 접종해 천연두를 예방했습니다.

파스퇴르도 제너의 예방 접종에 관해 알고 있었어요. 다만 파스퇴르의 업적은 약한 균을 이용하는 현대적 예방 접종법을 알아냈다는 것입니다. 세균에 한 번 감염되면 체내에서 항체와 기억 세포가 생겨나므로, 같은 세균에 또 감염되면 세균을 빠르게 제거하는 원리죠.

파스퇴르는 탄저병에도 예방 접종을 적용했어요. 탄저병은 소나 양 등의 가축들이 주로 걸렸기에, 농가에 많은 경제적 피해를 안겨 줬어요. 파스퇴르는 탄저균을 약화시켜 백신을 만들었습니다. 그리고는 일부러 농장을 돌아다니면서 탄저병 예방 접종 시범을 보였어요. 당시 사람들은 눈으로 보지 않으면 도통 믿지 않았기 때문이었어요. 사람들이 무시해도 파스퇴르는 포기하지 않고 프랑스 전역을 돌아다니며 예방 접종을 합니다. 결과는 물론 성공적이었고요. 그래도 백신을 무료로 공급했으니, 파스퇴르는 정말 존경할 만한 과학자예요.

광견병 백신을 만들다

당시 광견병은 굉장히 무서운 질병이었어요. 광견병을 일으키는 미생물은 신경계를 공격해 동물을 포악하게 만들어요. 이 개가 사람을 물면 한 달 정도 지난 후 사람에게도 증상이 나타납니다. 사람이 걸리면 공수병이라고 했는데, 개처럼 거품을 물고 괴로워하는 증상을 보이다가 결국 죽게 되죠.

파스퇴르는 콜레라나 탄저병처럼 균을 약하게 만들어 광견병을 예방하고 싶었지만, 광견병을 일으키는 미생물은 쉽게 실험실에서 키울 수 없었어요. 광견병을 일으키는 미생물은 사실 세균이 아닌 바이러스이기 때문입니다. 당시는 세균과 바이러스의 정확한 구별이 없었거든요. 그래도 파스퇴르는 살아 있는 토끼를 이용해 광견병 바이러스를 키웠습니다.

지식 더하기	⊗ ⊖ ⊗

세균과 바이러스
세균은 혼자서도 살아갈 수 있지만, 바이러스는 반드시 숙주 세포 안에서 증식한다.

1885년 7월 6일 광견병에 걸린 개에게 물린 조제프 메스테르라는 아이가 파스퇴르를 찾아왔어요. 모든 의사에게 방법이 없다는 이야기를 들은 후였죠. 마지막으로 희망을 가지고 찾아온 겁니다. 파스퇴르는 토끼 혈청을 분리해서 아이에게 주사했어요. 결국 아이는 광견병에 걸리지 않았답니다. 광견병이 발병하기 전에 바이러스를 주입해 광견병에 대한 면역을 만든 겁니다. 이후 1886년 10월까지 2,490명이 파스퇴르에게 광견병 예방접종을 받게 됩니다. 인간이 광견병을 물리치는 역사적 순간이었어요. 그렇게 파스퇴르는 프랑스 국민의 영웅이 됩니다.

파스퇴르가 존경스러운 이유는 또 있어요. 파스퇴르는 1868년 뇌내출혈을 겪은 후 27년간 한쪽 몸이 마비된 채 생활했어요. 앞에서 소개한 뛰어난 연구는 모두 몸이 불편했을 때의 일입니다. 몸 반쪽이 움직이지 않지만, 사람들을 질병에서 구해 내려고 끊임없이 연구하고 노력한 거죠. 정말이지 파스퇴르는 오직 인류 복지에 이바지하겠다는 열정으로 힘든 일을 해낸 이타적인 과학자입니다.

몸에 해로운 세균과 이로운 세균

이 세상에는 4,000여 종의 세균이 있다고 밝혀졌고, 아직 밝혀지지 않은 세균이 100만여 종이나 있을 거라고 해요. 세균 연구는 질병을 막기 위해 이루어졌다고 할 수 있어요. 질병을 일으키는 원인을 알아 이를 예방하고 이겨 내려고요. 그래서 세균은 두려운 존재로 여겨져요. 중세 유럽의 흑사병(페스트), 콜레라 같은 전염병 때문에 셀 수 없이 많은 사람이 죽었습니다. 1881년에는 일곱 명 중 한 명이 결핵으로 죽었다고 하니 질병을 일으키는 세균은 두려움의 대상인 것이 당연합니다.

하지만 사실 대부분의 세균은 인체에 무해해요. 우리에게 아무 짓도 하지 않죠. 오히려 우리에게 이로운 역할을 더 많이 한다는 점이 최근 알려지고 있습니다. 기본적으로 세균이 없어진다면 이 세상은 망할 거예요. 생태계에서 세균은 생물의 배설물이나 사체를 분해해 무기물로 만들어 주거든요. 세균이 없다면 얼마 지나지 않아 우리는 우리가 만든 배설물 때문에 죽을 겁니다.

몸에 좋은 유익균도 발견되고 있어요. 대표적인 예가 유산균이죠. 유산균은 우리의 장에 사는 균으로 배변 활동을 돕습니다. 또 몸에 좋은 발효 식품은 유익한 미생물로 인해 만들어져요. 우리나라의 김치와 메주, 일본의

낫또, 그리고 서양의 치즈가 그 예죠. 이 미생물들은 음식의 맛을 높여 줄 뿐만 아니라 항암, 항노화도 해 준다는 연구 결과가 있습니다.

세균은 쓰레기도 처리한답니다. 세균을 이용해 대변을 분해해서 바이오 연료로 만들기도 해요. 플라스틱을 먹이로 하는 세균도 있죠. 현대에 플라스틱 쓰레기는 아주 큰 문제예요. 미세 플라스틱이 생수에서도 발견된다고 하니까요. 하지만 플라스틱을 분해하는 이 세균을 이용하면 플라스틱 쓰레기 문제를 해결할 수도 있어요. 나아가 방사선 쓰레기를 분해하는 세균도 발견되었다고 해요. 최근 일본에서 나온 방사선 오염수 처리가 사회적 문제인데, 어서 이런 세균을 이용해 방사선 쓰레기를 처리하는 연구를 시작해야겠습니다. 이처럼 두려움의 대상으로 여겨진 세균은, 알고 보면 생태계에 없어서는 안 되는 필수 생물이랍니다.

검소하고 소박한 삶을 산

이타주의자

혹인에게
봉사하는 삶을
살겠다

#다재다능
재주꾼

사교성					
대담성					
계획성					
인내력					
감성					

6

땅콩으로
미국 농민을 구하다

조지 카버
George Carver

1864~1943

미국 출생
농화학자, 식물학자, 농업경제학자

대표 업적

윤작법 개발
땅콩, 목화, 골든 로드 등 다양한 작물의 활용 방안 개발
세균에 저항력을 기르는 접목법 개발

우리나라에서는 인종 차별을 마주하는 일이 비교적 드물지만, 미국에서는 지금도 흑인을 비롯한 유색 인종을 차별하는 것이 사회 문제예요. 이번에 소개할 과학자를 잘 이해하려면 미국 인종 차별의 역사를 알아야 합니다.

처음 미국을 개척한 백인들은 흑인을 잡아 노예로 삼았어요. 노예는 물건처럼 사고팔렸고, 힘든 노동을 하면서도 돈도 받지 못했어요. 이런 노예 제도는 1863년 링컨 대통령이 노예 해방 선언을 하고, 1865년 의회가 승인함으로써 철폐됩니다. 하지만 미국 남부는 이를 받아들이지 않았어요. 미국의 남부에서는 대규모 농장이 있어 목화, 옥수수 등을 키웠는데, 노동력을 제공하는 노예가 있어야 농장을 운영하고 돈을 벌 수 있었기 때문이에요. 결국 노예를 해방하자는 북부와 하지 말자는 남부 간에 전쟁이 일어나요. 바로 남북 전쟁입니다. 전쟁에서 북부군이 승리하면서 노예 제도는 비로소 없어져요.

하지만 여태 있었던 사상이 한꺼번에 바뀌는 것은 아닙니다. 흑인은 여전히 차별받았고 투표권도 없었어요. 흑인 남성들은 1870년부터, 여성들은 1920년부터 투표를 할 수 있었답니다. 학교도 마찬가지였어요. 흑인은 학교에 다닐 수 없었고, 대중교통에서도 자리에 앉을 수 없었죠.

지독한 차별에 맞서다

1860년대 흑인으로 태어난 조지 카버는 인종 차별의 벽에 마주쳐야 했어요. 조지 카버의 정확한 생년월일은 알 수 없지만 남북 전쟁이 한창인 1864년 즈음 미국 중서부 다이아몬드 그로브라는 농장에서 태어났어요. 농장주 모지스 카버는 조지의 아버지 자일스와 어머니 메리를 700달러에 구입했어요. 아버지 자일스는 조지가 태어나고 얼마 되지 않아 농장에서 사고로 죽었고, 이후 가족 전체가 노예 약탈자들에게 붙잡힙니다. 농장 주인 모지스 카버가 이들을 찾아 나섰을 때, 다른 가족들은 이미 사라져 조지와 그의 형 짐만 구할 수 있었어요. 노예를 물건처럼 훔치는 일이 당시에는 비일비재했답니다.

다행히 농장 주인 모지스 카버는 좋은 사람이었어요. 노예

조지 카버

해방 후 흑인인 짐과 조지에게 자유를 주었죠. 어린 짐과 조지가 계속 농장에서 살기를 원하자 모지스 카버와 부인 수전은 둘을 자식처럼 키웠답니다.

조지 카버는 어려서부터 정원을 가꾸는 일을 좋아했어요. 식물을 세심히 살피고, 거름과 물을 줄 때 뿌리와 줄기를 관찰했어요. 호기심이 많은 카버는 항상 사물을 관찰했고 새로운 것을 만들어 내는 데 천부적인 재능을 보였습니다. 정원을 가꾸는 것은 두말할 것 없었고, 요리에 다림질, 심지어 뜨개질도 수준급으로 해냈어요. 식물을 가꾸면 가꿀수록 카버는 무엇이든 배우고 싶은 열망이 가득했답니다.

하지만 흑인은 공립 학교에 갈 수 없었습니다. 흑인만 다닐 수 있는 학교는 먼 곳에 있었어요. 1875년 열두 살 카버는 배움의 열정을 실현하려고 농장을 떠나 미주리 니오쇼로 갑니다. 열정이 그를 도왔는지 카버는 그곳에서 마음이 좋은 앤드루, 마리아 왓킨스 부부를 만납니다. 그 집에서 머무르며 흑인 학교인 링컨 학교를 다니게 되죠. 카버는 집안일을 곧잘 해냈기 때문에 학교를 마치고 오면 마리아 아줌마를 많이 도왔어요. 그는 언제나 열심히 일하고 공부했습니다.

하지만 카버는 링컨 학교에서 한계를 느꼈습니다. 흑인에게 역사, 과학 등 학문을 가르치지 않고 읽기, 쓰기, 셈하기만 가르쳤거든요. 카버는 니오쇼를 떠나 캔자스로 갑니다. 거기서는 고등학교를 다니며 새로운 과목을 공부할 수 있었습니다.

카버는 고등학교를 졸업하기까지 여러 가지 일을 했습니다. 농장에서 돈을 받고 일을 하기도 했는데, 그때 농사법, 토양, 수질 등을 연구했어요. 이때 아메리카 원주민들에게 땅콩을 받아 재배하는데 후에 카버가 땅콩 박사로 불릴 역사적인 만남도 이때 이루어진 것입니다. 카버는 세탁소도 차렸는데요, 단순히 세탁만 하는 것이 아니라 화학 약품을 연구해 염색약을 만들고, 얼룩을 깨끗하게 빼는 방법도 알아내 세탁 비용을 낮추기도 했어요. 아직 고등학교를 졸업하지도 않았지만, 카버는 학자의 기질이 충분했습니다. 그는 마침내 우수한 성적으로 고등학교를 졸업합니다.

카버는 대학에 가고 싶었어요. 하지만 흑인이라는 이유로 대학에서 여러 번 거절을 당합니다. 하일랜드 대학은 합격증을 줬지만, 입학식에서 카버가 흑인인 것을 알고는 입학을 취소하는 만행까지 저지릅니다. 지금은 말도 안 되는 일이지만 당시 흑인이 얼마나 심하게 차별받았는지를 생각하면 당연한 결과였어요. 그럼에도 카버는 농장 일을 하며 농학자의 꿈을 계속 키웁니다.

험난한 길을 지나 과학자의 자리로

조지 카버는 드디어 심슨 대학에 들어갑니다. 심슨 대학 최초의 흑인 학생이었어요. 하일랜드 대학에서 받은 상처를 기억하며 열심히 공부해 차별의 고통을 겪는 흑인들에게 희망을 주는 사람이 되기로 마음먹어요.

하지만 심슨 대학에는 식물학과가 없었어요. 카버는 대신 미술학과에 들어가 식물을 그렸답니다. 평소 식물을 자세히 관찰한 카버의 그림 실력은 뛰어났어요. 그리고 특유의 성실함과 손재주로 학교의 의자를 고치기도 하고 솔선수범한 태도로 생활했죠. 결국 그의 성실함을 인정한 미술학과 교수가 아이오와 농과 대학에 카버를 추천합니다. 카버는 1891년 아이오와 주립 대학교에 들어갔고 거기서도 최초의 흑인 학생이었답니다. 많은 차별이 있었지만 근면함과 친근함으로 대학에 잘 녹아 들어갔어요. 식물학뿐만 아니라 기하학, 화학, 동물학, 곤충학, 해부학까지 배웠습니다. 수업이 없는 날에는 학교 연구실에서 열심히 공부했고, 드디어 1894년 화초 이종 교배를 주제로 논문을 써 흑인 최초로 학사 학위를 받아요.

카버의 천부적인 재능을 알아본 학교에서는 카버를 조교로 임명합니다. 배움의 열정이 강했던 카버는 석사 학위에도 도전합니다. 2년간 150여 개의 세균 표본을 수집하고 세균에 저항력

터스키기 대학교 교직원들(아래 중앙이 조지 카버)

을 기르는 접목법을 개발합니다. 1896년 흑인 최초로 석사 학위를 받았고, 그 후 이름이 알려지기 시작합니다.

　석사 학위를 딴 카버는 다음 거취를 결정해야 했어요. 성실하고 부지런한 조지 카버를 부르는 대학은 많았어요. 아이오와 대학교의 교수로 남을 수도 있었고, 알콘 대학교에서도 와 달라고 했어요. 하지만 조지 카버는 터스키기 학교를 선택합니다. 터스키기 학교는 아프리카계 미국인들의 권리 신장을 위해 부커 T. 워싱턴이 설립한 학교예요. 이 학교는 훗날 터스키기 대학교가 됩니다. 워싱턴은 카버에게 터스키기 학교의 교수 자리를 제안했고, 카버는 자기와 같은 흑인들을 위해 일하기로 합니다.

　　　　　　　　　　　　　　　　　　　　　　조지 카버

터스키기 대학교는 열악했어요. 카버는 버려진 폐품으로 실험 기구를 만들고, 황무지를 개간해 농장을 만들었습니다. 그의 끈질긴 노력에 학생들도 감동했고 드디어 1897년에 터스키기 대학교 농업관이 개관합니다.

남부 사람들에게 윤택한 삶을 선물하다

앞에서 미국의 남부에서는 노예 해방을 반대한다고 했어요. 법적으로 노예 해방은 되었지만, 흑인들은 여전히 농장에서 고된 일을 하며 착취당하고 있었어요. 조지 카버는 흑인들이 잘살려면 자신의 땅을 가지고 농업 기술을 배워 직접 농사를 지어야 한다고 생각했어요.

카버는 이동 학교를 만들었답니다. 마차를 타고 남부의 도시를 다니며 사람들을 가르쳤어요. 흑인들에게 근면하게 일해 돈을 모으고, 그 돈으로 땅을 사라고 했어요. 그리고 그동안 연구했던 농업 기술을 가르쳤습니다. 연구를 통해 목화를 심으면 땅이 황폐해지는 것을 알고 있던 카버는 '윤작'을 가르칩니다. 윤작이란 해마다 작물을 바꾸는 농법이죠. 콩이나 옥수수는 뿌리에 질소 화합물을 만드는 뿌리혹박테리아가 있어 땅을 다시 기름지게 했습니다.

하지만 콩과 옥수수로는 부족했어요. 남부 지방의 땅은 더

욱 척박했거든요. 카버는 목화를 대체할 작물을 연구했습니다. 그것은 예전에 원주민들에게 받았던 땅콩이었어요. 땅콩은 가뭄에도 끄떡없고, 한 뿌리에 많은 열매가 열렸어요. 열량도 높고, 단백질도 많았죠. 카버의 의견에 따라 남부의 많은 흑인 농가에서 땅콩을 심었습니다. 그런데 뜻밖의 문제가 발생했어요. 모든 농가에서 땅콩이 많이 생산된 겁니다. 땅콩이 남아돌자 땅콩의 가격이 떨어졌어요. 시간이 갈수록 땅콩은 그저 썩어 나갈 뿐이었습니다. 흑인들이 큰 손해를 보게 될 상황이었어요.

조지 카버는 땅콩을 가지고 연구실로 들어갔어요. 땅콩을 활용할 수 있는 방안을 찾으려고요. 카버는 땅콩의 지방을 분리하고, 수액을 만들고, 분말을 만들어 제품을 개발했어요. 땅콩 잼, 구두약, 물감, 접착제, 인조 대리석 등등 땅콩의 활용 용도는 많았어요. 그는 오직 흑인들의 삶을 개선하겠다는 일념으로 노력한 거예요. 사람들이 조지 카버를 땅콩 박사라고 부르는 이유입니다.

카버는 이에 멈추지 않고 고구마도 연구했어요. 고구마로 할 수 있는 요리를 개발하고, 고구마 전분으로 빵을 만들었어요. 이 빵은 군인들에게 제공되었습니다. 조지 카버는 고구마를 이용해 요리하는 법을 책으로도 만들었는데 무려 세 권이나 된답니다. 또, 주작물인 목화가 나일론과 같은 인조 섬유에 밀려나면서 남부 주민의 삶이 어려워질 위기에 처하자 카버는 목화를 아스팔트에 섞어 더 강한 아스팔트를 만드는 방법을 찾았답니다.

카버는 풀 하나도 그냥 넘기지 않았어요. 골든 로드라는 흔한 식물이 우윳빛 액체를 내뿜는 것을 이용해 인공 합성 고무를 만들었고, 후손에게 깨끗한 땅을 물려줘야 한다는 생각에 재활용 연구도 했답니다. 비상한 아이디어로 수없이 많은 발명을 해낸 카버는 특허를 내 부자가 될 수 있었어요. 하지만 그렇게 하지 않았답니다. 카버는 오직 농부들에게 희망을 주고, 윤택한 삶을 살 수 있도록 하고 싶었어요.

죽음 앞에서도 이타적이었던 과학자

카버의 명성은 계속 높아졌어요. 제자 헨리 윌리스가 농무부 장관이 되자 백악관 파티에 초대받기도 했죠. 루스벨트 대통령, 마하트마 간디, 헨리 포드 같은 사람들과 친분을 나누었답니다. 유명 과학자가 된 카버는 더 유명한 대학으로 이동해 월급을 더 받을 수도 있었어요. 하지만 조지 카버는 터스키기 대학교에 남아 교수로 일하면서 월급을 반만 받았어요. 형편이 어려운 학생들을 돕기 위해서였습니다.

과학계에 수많은 공을 세운 조지 카버는 아프리카계 미국인에게 주어지는 최고 권위의 스핀간 메달과 루스벨트 메달을 받

습니다. 후에 그의 이름을 딴
선박, 고등학교, 공원, 잠수함
이 생겼어요. 그를 기념하는
우표와 동전도 생겼고요. 카
버는 죽은 후에 위대한 미국
인, 발명가 명예의 전당에도
이름을 올립니다. 모두 자신
의 이익이 아닌 타인의 이로

1948년 발행된 조지 카버의 기념 우표

움을 위해 끊임없이 노력한 결과라고 할 수 있겠습니다. 차별받
는 노예 신분으로 시작해서 좌절하지 않고 계속 도전했기에 그
의 업적은 더욱 빛납니다.

조지 카버는 1943년 계단에서 굴러 심하게 다칩니다. 이 부
상에서 회복하지 못하고 합병증으로 사망하게 됩니다. 평생 검
소하게 살아온 카버는 사망 당시 6만 달러의 저축액이 있었습
니다. 카버는 죽음을 앞에 두고도 전 재산을 기부해 흑인 발전에
도움을 주고자 했어요. 그의 이름에 걸맞은 존경스러운 죽음이
었습니다.

화석 연료의 대안, 바이오매스

영국에서 똥을 연료로 삼는 버스가 생겼어요. 버스가 똥으로 간다니 이상하죠? 똥과 음식물을 분해하는 과정에서 생성되는 메테인 기체를 이용하는 거랍니다. 메테인 기체를 이용하면 디젤 연료를 사용하는 버스보다 이산화 탄소 배출량을 줄일 수 있어요. 이 버스는 친환경 버스인 것이죠. 게다가 배설물이나 음식물 쓰레기도 처리할 수 있으니 우리 지구 환경을 생각한다면 매우 반가운 발명품이라고 할 수 있어요.

지구의 온도가 올라가는 것은 매우 심각한 문제입니다. 파리 기후 변화 협약에서는 지구의 온도 상승을 1.5도 이하로 막기 위해 각국의 이산화 탄소 배출을 줄이고 이번 세기까지 탄소 배출을 0으로 낮추자고 약속하고 있습니다.

기존의 화석 연료를 사용하면 필연적으로 많은 이산화 탄소가 배출됩니다. 이에 친환경 에너지인 '바이오 에너지'가 대안으로 떠오르고 있어요. 바이오 에너지는 '바이오매스'를 이용해 친환경 에너지원을 만드는 것이에요. 바이오매스는 생태계 순환 중에 발생하는 유기체예요. 앞에서 소개한 배설물도, 매년 버려지는 낙엽도 바이오매스가 됩니다.

낙엽이나 식물은 셀룰로스라는 탄수화물로 되어 있어요. 우리가 소화해 사용할 수는 없지만 이를 미생물로 발효시킨다면 바이오 에탄올을 만들 수 있답니다. 세균을 이용해 똥이나 음식물 찌꺼기에서 기체를 발생시킬 수 있고, 폐식용유에서도 바이오 디젤을 만들 수 있어요. 이런 바이오 에너지를 사용하면 이산화 탄소 배출을 줄일 수 있겠죠.

우리도 재활용이나 에너지 절약으로 한 단계 한 단계 지구를 위한 행동을 해 봅시다.

일본에서 갈고닦은
육종 전문가

한국에
뼈를 묻겠다

#친일파의
애국자 아들

사교성					
대담성					
계획성					
인내력					
감성					

7

오직 대한민국
농업에 헌신하다

우장춘

1898~1959

일본 출생

생물학자, 농학자, 원예육종학자

대표 업적

종의 합성 이론 정립

일본 배추와 양배추를 교배해 한국에 맞는 배추 개발

제주도에 적합하도록 감귤 나무 개량

우장춘이란 인물을 들어 봤나요? 처음 들어 봤다면 지금 부모님께 '씨 없는 수박'에 관해 아냐고 물어보세요. 그럼 우장춘이란 이름이 나올 거랍니다. 우장춘은 씨 없는 수박을 만든 것으로 유명했어요. 하지만 여기에는 조금의 오해가 있습니다. 씨 없는 수박을 최초로 만든 사람은 일본의 기하라 히토시 박사라고 합니다. 우장춘은 대한민국에 '육종'에 관한 지식을 전하고 싶었는데, 당시 무지했던 사람들에게 육종의 효과를 한눈에 알려 주려고 일부러 씨 없는 수박을 만든 거예요. 육종이란 생물의 유전적 성질을 이용해 새로운 품종을 만들거나 기존 품종을 개량하는 것을 말해요. 우장춘 박사는 육종 기술을 배우면 이로운 작물을 수확할 수 있다는 것을 눈으로 보여 준 것이죠.

우장춘과 노란 유채꽃

우장춘은 대한민국 제 2호 농학 박사예요. 일본의 도쿄 제국 대학에서 학위를 땄습니다. 박사 학위는 〈배추속 식물의 유전체 분석〉이라는 논문으로 받았어요. 유채꽃 알죠? 봄을 최초로 알리는 꽃으로 2월이면 제주도에 노란 유채꽃이 피었

유채꽃

다는 뉴스가 많이 나와요. 우장춘은 학위 논문에서 이 유채가 배추와 양배추의 자연 교잡종이라는 사실을 밝혔어요.

당시에는 찰스 다윈의 자연 선택 이론에 따라 개체 변이가 누적되면 새로운 종이 생성된다고 알고 있었어요. 종의 생성은 변이가 오랜 시간 누적되어야 나타난다고 생각했죠. 하지만 배추와 양배추를 교배했더니 유채라는 새로운 신종이 나타난 거예요. 두 식물을 합쳐서 새로운 식물을 만들 수 있음을 우장춘이 알아낸 것입니다. 그것도 세계 최초로 말이에요.

조선인의 자존심을 지킨 친일파의 아들

우장춘은 1898년 일본 도쿄에서 태어났어요. 조선인 우범선을 아버지로, 일본인 사카이 나카를 어머니로 두었죠. 1895년 아버지 우범선은 조선군 훈련대 2대대장으로 명성황후를 시해한 을미사변에 가담했어요. 일본으로 도피한 우범선은 우장춘을 낳았고, 1903년 대한제국의 무관 고영근에게 죽임을 당합니다.

이러한 이유로 우장춘의 삶은 어려울 수밖에 없었어요. 6세 때 잠시 고아원에도 있었습니다. 형편이 나아지자 어머니와 히로시마로 이사해 중고등학교를 나오고 1916년 도쿄 제국 대학 농과 대학 실과에 입학합니다. 학위 과정이 아니었지만 어려운 가정 형편 때문에 어쩔 수 없었습니다.

하루는 조선의 도지사가 일본에 와서 조선계 학생들에게 연설하는 일이 있었어요. 연설은 친일을 옹호하는 내용이었죠. 그런데 한 학생이 연단으로 뛰어올라 도지사의 멱살을 잡아요. 한국인 유학생 김철수였습니다. 그 모습에 충격은 받은 우장춘은 김철수를 만나게 되어요.

김철수는 우장춘에게 그의 아버지의 친일 행적을 알려 주며, 평생 조선에 봉사하면서 살라고 이야기합니다. 우장춘은 자기 몸에 조선의 피가 흐른다는 것을 자각하고 실제 행동에 옮깁니다. 그는 일본인과 결혼하기 위해 스나가 나가하루라는 일본 이름을 사용하고 있었지만, 논문에는 우 나가하루라고 적어 조선인으로 자존심을 지켰습니다.

　우장춘은 열심히 공부해 도쿄 제국 대학에서 농학 박사를 받게 됩니다. 대한민국 사람 중 농학 박사 2호였는데요. 여기에도 재미있는 일화가 있습니다. 공식 1호는 홋카이도 제국 대학에서 박사를 받은 임호식입니다. 논문 통과는 우장춘이 빨랐지만, 학위 수여 날짜가 달랐습니다. 임호식의 박사의 학위 수여일은 1936년 4월 14일이고 우장춘 박사의 학위 수여일은 1936년 5월 4일이었어요. 하지만 임호식은 도쿄의 엔도 제약소에서 연구를 계속했다는 소식만 있을 뿐 이후 행적은 모호합니다. 자신의 지식을 이용해 대한민국에 봉사한 우장춘이야말로 1등 농학 박사라 할 수 있습니다.

대한민국의 식량 자립을 꿈꾸다

　1945년 해방이 된 후 한국에서는 우장춘 박사 환국 운동이 벌어졌습니다. 당시 대한민국은 일제 치하에서 겨우 해방되어 임시 정부를 수립한 때예요. 대한민국의 경제는 처참했습니다. 먹고살기도 힘들었죠. 농업을 발전시키려면 우수한 농업 지식이 있는 우장춘이 필요했어요. 하지만 우장춘이 한국에 들어오는 데는 큰 문제가 있었어요. 바로 친일파인 아버지예요. 국내에서도 그의 아버지 때문에 찬반 의견이 갈렸어요. 그렇지만 우장춘의 아버지가 친일 행위를 할 때 우장춘은 태어나지도 않았다는 점이 정상 참작되었습니다. 대한민국에서는 우장춘 박사 환국 추진 위원회를 결성해요.

일본도 우장춘의 우수함을 알고 있었습니다. 그래서 그의 한국 송환을 방해했죠. 우장춘을 보내지 않으려고 감옥에 가두려고도 합니다. 결국 우장춘은 스스로 조선인 강제 수용소에 들어가요. 그렇게 1950년 대한민국으로 귀국하게 됩니다.

우장춘은 특별 대우를 받았어요. 귀국 시 현재 돈의 가치로 10억 원 정도를 받았지만, 사적으로 쓰지 않고 한국에 뿌릴 종자를 사는 데 사용했어요. 우장춘은 한국 농업 과학 연구소의 원장

학생을 지도하는 우장춘

으로 취임해 밤낮으로 일했고, 작물을 개량했어요. 그리고 대한민국의 인재 양성을 위해 연구생들을 지도했답니다. 과학자로서 더 깊은 연구도 하고 싶었겠지만, 어려운 대한민국의 식량 자립을 위해 육종 연구에 힘을 쓴 것입니다.

당시 우장춘은 길쭉한 일본산 배추와 양배추를 교잡해 현재 우리가 먹는 통통한 배추를 만들었고, 여름에도 재배할 수 있는 평지 여름 무를 만들었습니다. 또 금싸라기 참외와 제주도의 감귤 나무를 개량해 제주도 농업을 발전시켰고요. 우장춘은 한국의 열악한 농업 환경을 바꾼 선구자였습니다. 젊은 시절 김철수에게 다짐했던 대로, 어쩌면 아버지의 죄를 대신 씻기 위해 밤낮으로 노력한 것입니다.

우장춘이 일본에 있었다면 많은 지원 속에서 육종 연구를 했을 거예요. 위대한 연구로 노벨상을 받을 수도 있었겠죠. 하지만 그는 대한민국을 선택했어요. 친일파의 자식으로 냉대를 받으면서도 조국의 가난 극복을 위해 노력한 것입니다. 우장춘은 죽기 3일 전에 대한민국에서 수여하는 문화 포장을 받고 병상에서 눈물을 흘렸어요. 눈물에는 많은 의미가 있겠지만 드디어 조국이 자신을 인정해 준 것에 대한 감격일 것입니다.

현재 부산에는 우장춘의 업적을 기념하는 우장춘 기념관과 우장춘로가 있어요. 사후에야 그의 노력이 재조명된 것입니다.

두 식물을 교배해 새로운 식물을 탄생시키다

우장춘의 연구를 더 자세히 소개해 볼게요. 생물은 유전자가 들어 있는 염색체를 가지고 있어요. 인간의 염색체는 46개이고 같은 염색체가 2개씩 들어 있어요. 이를 상동 염색체라고 해요. 모든 유전자가 2개씩 있다는 것은 $2n$으로 표현합니다. 감수 분열로 만든 정자나 난자는 상동 염색체가 나뉘었으니 n으로 표시합니다. 따라서 인간의 체세포는 $2n=46$이라고 표현하고, 반감된 생식 세포는 $n=23$이라고 표현합니다. $n=23$인 정자, 난자가 만나면 다시 $2n=46$이 되어 세대를 거듭하더라도 염색체 숫자를 유지할 수 있는 것입니다. 동물은 염색체가 한두 개 많거나 적으면 문제가 생겨요. 예를 들어 인간의 경우 21번 염색체가 3개면 다운증후군에 걸리게 됩니다. 하지만 식물은 배수체($3n$, $4n$ 등)도 잘 생존해요. 이것이 식물을 개량하는 원리입니다.

우장춘이 밝혀낸 내용을 살펴봅시다. 배추는 $2n=20$이고, 양배추는 $2n=18$입니다. 유채꽃은 $2n=38$이죠. 우장춘은 염색체 분석으로 유채꽃이 배추와 양배추의 잡종임을 알아냈어요. 유채꽃이 $4n$이 아닌 이유는 배추와 양배추의 염색체가 동일하지 않기 때문이에요. 배추가 AA고, 양배추가 CC라면 유채꽃은 AACC가 된 거죠. '우의 삼각형'이라 불리는 이 연구는 흑겨자와 배추, 양배추의 육종으로 새로운 생물이 탄생함을 보여 줍니다.

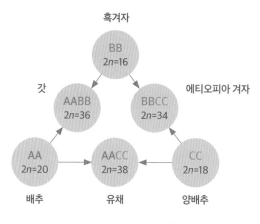

우장춘 박사의 '우의 삼각형'

우장춘은 대한민국으로 귀환하면서 "그동안 어머니의 나라 일본을 위해 일본인 못지않게 일했다. 이제부터는 아버지의 나라 한국을 위해 최선을 다할 것이고 이 나라에 뼈를 묻겠다"라고 했어요. 그는 자기 말대로 죽을 때까지 대한민국 농업 발전에 헌신했죠. 6.25 전쟁이 발발했을 때는 해군 소령으로 임관해 3년간 전쟁에 참여했고요. 이승만 대통령이 그를 농림부 장관으로 내정했지만 거절했습니다. 편안한 삶을 추구하기보다 자신의 일을 우직하게 해 나가는 과학자였죠. 우리나라에는 유명한 생물학자가 없다고요? 이제 우장춘 박사를 기억해 봅시다.

GMO는 먹어도 안전할까

얼마 전 주키니 호박에서 허가받지 않은 유전자가 발견되었습니다. 알고 보니 주키니 호박이 LMO 생물이었다는 뉴스가 발표되어 이 호박으로 만든 음식을 전량 회수하고 일각에서는 피해를 주장하는 등 떠들썩했어요. 일명 돼지 호박이라 불리는 주키니 호박은 유전자가 조작된 품종이었던 것입니다.

잠깐, GMO는 들어 봤는데 LMO라고요? LMO는 'Living Modified Organism'의 줄임말로 유전자 변형 생물을 가리킵니다. GMO는 'Genetically Modified Organism'의 줄임말로 유전자 변형 작물이고요. GMO 중에서 특히 생식 및 번식이 가능한 개체가 LMO라고 이해하면 됩니다. 앞에서 언급한 주키니 호박은 LMO이면서 GMO였습니다.

유전자 변형 생물은 원래의 생물이 가지고 있지 않던 다른 생물의 유전자를 의도적으로 삽입한 것이에요. 파란 장미를 생각해 보세요. 원래 장미는 파란색 색소를 만드는 유전자가 없지만, 유전 공학으로 파란색 색소를 만드는 유전자를 넣었어요. 이 파란 장미는 LMO라고 할 수 있죠.

유전자 변형 생물은 식품으로도 많이 사용되고 있어요. 대표적인 것이 식용유와 올리고당입니다. 미국은 면화, 대두, 옥수수의 90퍼센트가 유전자 변형 작물이라고 해요. 곤충이 잎을 갉아 먹지 못하도록 곤충이 싫어하는 물질을 분비하는 유전자를 삽입한 거예요. 우리가 먹는 식용유와 올리고당을 만들 때도 이런 수입 작물을 이용하기에 이들 역시 GMO 식품이라고 할 수 있어요. 하지만 우리는 왜 모를까요? 바로 법 때문입니다. 기름을 짜서 걸러 내면 GMO 식품이라는 사실을 표기하지 않아도 된다는 것이 현재 지침이거든요. 물론 미국이나 한국의 식약처에서는 안전을 보장하고요. 주키니 호박의 경우에는 확인되지 않은 유전자였기에 어떤 영향을 미칠지 몰라 떠들썩했던 겁니다.

현시대는 유전자 가위가 나와 세밀하게 유전자를 다룰 수 있는 시기입니다. 이것을 긍정적인 방향으로 사용한다면 식량 개량을 통해 굶어 죽는 사람이 없는 세상도 만들 수 있습니다. 하지만 악영향을 고민해 보지도 않고 단순히 돈벌이 수단으로도 생각하는 사람도 있을 겁니다. 이 기술을 어떤 미래로 연결할지는 우리 손에 달려 있습니다.

우정을 지킨
의로운 의학자

인슐린이
널리 사용되기를

#최연소
노벨 생리·의학상
수상자

사교성					
대담성					
계획성					
인내력					
감성					

당뇨병의 특효약
인슐린을 추출하다

프레더릭 밴팅
Frederick Banting

1891~1941

캐나다 출생

의학자, 의사

대표 업적

순수한 인슐린 추출

암, 규폐증, 납 중독 관련 연구

우리나라 드라마 〈허준〉에는 이런 장면이 있습니다.

"소변을 찍어 먹어 봐라."

"네? 스승님, 소변을 먹으라니요."

"어서 먹어라."

(허준이 환자의 소변을 찍어 먹는다.)

"맛이 어떠냐?"

"답니다."

"소갈이다."

소갈은 일종의 당뇨병입니다. 우리 몸은 포도당을 주 에너지원으로 사용하는데, 신장에서 노폐물을 거르는 과정에서 포도당을 흡수하지 못하고 오줌으로 내보내는 질병입니다. 애써 소화해서 흡수한 포도당이 다시 나간다니 뭔가 문제가 있는 것이죠.

11월 14일은 세계 당뇨병의 날

당뇨병은 주로 혈당량이 높으면 걸립니다. 혈당량은 혈액 속에 있는 포도당의 양인데, 혈액 100밀리리터에 0.1그램이 있어 0.1퍼센트를 유지합니다. 식사하면 탄수화물이 포도당으로 분해되어 혈당량이 높아지는데 항상성 유지를 위해 '인슐린'이 분비됩니다. 인슐린은 췌장(이자)에서 분비되는, 혈당량을 낮추는 호르몬이에요. 포도당이 세포 속으로 흡수되도록 하거나, 간에서 포도당을 글리코젠으로 합성하도록 해 혈액 속 포도당의 농도를 낮춥니다.

우리 몸은 단백질을 소화하면서 암모니아라는 독성 물질을 생산해요. 인체는 암모니아를 요소라는 물질로 바꾸어 몸 밖으로 내보냅니다. 이 요소를 걸러 주는 곳이 콩팥(신장)이에요. 콩팥에서 요소를 거를 때 크기가 작은 포도당도 걸려져, 그냥 두면 오줌을 통해 몸 밖으로 다시 나갑니다. 이를 막으려고 세뇨관에서 모세 혈관으로 포도당을 재흡수합니다. 하지만 혈당량이 0.2퍼센트를 넘어가게 되면 포도당을 재흡수하기 힘들어요. 혈당량이 높은 당뇨병 환자는 포도당이 오줌으로 나가기 때문에

프레더릭 밴팅

물을 많이 마시게 되고, 소변이 많아지며 영양소를 내보내니 체중까지 줄게 됩니다. 나아가 여러 가지 합병증으로 목숨을 잃을 가능성도 큽니다.

당뇨병 중 1형 당뇨병은 인슐린이 분비되지 않는 경우입니다. 당뇨병의 약 5퍼센트를 차지하고, 선천성인 경우가 많습니다. 주로 어린 나이에 발병하죠. 2형 당뇨병은 인슐린 저항성이 높아지는 것인데, 인슐린이 분비되어도 포도당을 세포 안으로 흡수하지 못하는 경우입니다. 유전적 경향이 강하고 비만과 관련이 높죠. 1920년대 초까지만 해도 1형 당뇨병에 걸렸다는 것은 사형 선고나 다름없었습니다.

의사들은 이 당뇨병을 고치려고 노력했어요. 마침내 1922년 캐나다의 의사인 프레더릭 밴팅이 동물에게서 인슐린을 추출하고 이를 이용해 당뇨병 환자를 치료합니다. 당뇨병에 걸린 수많은 사람을 치료할 수 있게 된 것입니다. 1991년, 유엔과 세계 보건 기구는 매년 11월 14일을 세계 당뇨병의 날로 지정했어요. 이 날은 인슐린을 발견한 프레더릭 밴팅의 생일이기도 합니다.

당뇨병 환자들을 살린 묘약, 인슐린

밴팅은 1891년 11월 14일 캐나다의 온타리오의 농가에서 태어났습니다. 1912년 토론토 대학교 산하 빅토리아 대학에서 의학 공부를 시작해요. 당시 유럽은 제1차 세계 대전에 참전 중이었습니다. 밴팅은 시력이 좋지 않아 군 입대를 거절당하지만 몇 번의 시도 끝에 1916년 전쟁에 투입됩니다. 군의관으로 참전하던 중, 1918년 프랑스 캉브레에서의 캉브레 전투에서 밴팅은 부상을 입어요. 그 상태에서도 그는 열여섯 시간 동안 다른 부상자를 도왔습니다. 자신의 의무를 다한 것이죠. 이런 영웅적인 행동으로 밀리터리 크로스라는 군십자 훈장을 받습니다. 군 복무를 마치고 돌아온 밴팅은 캐나다 런던에 있는 웨스턴 온타리오 대학교에서 강의와 일반 진료를 시작합니다.

밴팅은 1920년 대학 강의에서 췌장에 관해 가르쳐야 했어요. 당시에는 췌장이 소화 효소를 분비한다고 알려져 있었어요. 그리고 랑게르한스섬이라는 세포에서 인슐린이라는 물질이 분비되는데 이것이 당의 대사에 영향을 미칠 것이라고 알려져 있었어요.

인슐린을 연구하려면 순수한 인슐린을 추출하는 것이 중요했어요. 과학자들은 췌장에서 인슐린을 분리하려고 노력했지만 쉽지 않은 과정이었습니다. 인슐린을 분리하려면 췌장을 갈아야 하는데 그 과정에서 췌장이 만든 소화 효소인 트립신도 같이 나왔어요. 자연히 인슐린과 트립신이 섞이게 되죠. 트립신은 단백질을 소화하는 기능이 있어, 단백질로 구성된 인슐린을 분해해 버렸습니다.

밴팅은 토론토 대학교 생리학 교수인 존 매클라우드에게 논의했고, 매클라우드는 실험실을 지원해 주며 함께 일할 대학원생 찰스 베스트도 보내 줍니다. 여기에 재미있는 일화가 있는데, 당시 매클라우드는 두 명의 대학원생 후보 중 누구를 보낼지 고민했다고 합니다. 결국 베스트가 밴팅을 돕게 되었고, 이는 인슐린을 추출하는 위대한 연구 성과로 이어집니다.

밴팅과 베스트는 개를 이용해 인슐린을 얻고자 했습니다. 둘은 개의 췌장과 이어지는 췌관을 묶었어요. 췌관은 췌장으로 영양분이 들어가는 통로입니다. 이 췌관을 묶으니 영양 공급을

찰스 베스트(왼쪽)와 프레더릭 밴팅(오른쪽)

받지 못한 췌장 세포들이 죽었습니다. 물론 트립신을 만드는 세포만 죽고 인슐린을 만드는 랑게르한스섬 세포는 살아 있었죠. 이 방법으로 둘은 순수한 인슐린을 추출했습니다. 이 세포의 추출물을 당뇨병에 걸린 개에게 주사했더니 당뇨병 증상이 없어졌습니다.

밴팅은 소의 췌장으로도 실험했어요. 소의 췌장에서 인슐린을 추출해 당뇨병에 걸린 개에게 주사했더니 개의 당뇨병이 나았습니다. 이는 다른 동물 간에도 인슐린이 거부감 없이 작동한다는 아주 중요한 결과였어요. 예컨대 혈액의 경우, 다른 종의 동물들끼리는 거부 반응이 있어 인간과 동물은 서로 수혈할 수 없습니다. 하지만 인슐린은 그렇지 않았어요. 동물의 인슐린을 사용해 인간의 당뇨병도 고칠 수 있다는 뜻이에요. 매클라우드 교수는 밴팅의 실험 결과가 매우 중요할 것으로 예측해 예산을 추가 지원하고, 생화학자 제임스 콜립도 함께 연구하라고 밴팅의 연구실로 보냅니다. 이런 도움 덕에 밴팅의 연구팀은 더 순수한 인슐린을 추출하게 되고요.

1922년 1월, 드디어 사람의 당뇨병 치료에 인슐린을 사용하게 되어요. 최초의 환자는 14세 레너드 톰프슨으로 거의 죽음 직전이었습니다. 인슐린 주사를 맞은 톰프슨의 당뇨병은 금방 치료되었어요. 이후 밴팅은 사람의 당뇨병 치료에 전념합니다. 이

프레더릭 밴팅

존 매클라우드 교수

소식은 금방 세계로 퍼져 나갔어요. 당뇨병으로 죽던 사람이 치료되었으니 그 공로를 금방 인정받아 그는 매클라우드 교수와 함께 1923년 노벨 생리·의학상을 받게 됩니다. 당시 밴팅의 나이는 32세로, 지금까지도 최연소 수상 기록입니다.

동료를 끝까지 지킨 정의로운 밴팅

인슐린 발견의 공로로 노벨 생리·의학상을 수상한 사람은 밴팅과 매클라우드 교수였어요. 매클라우드 교수는 토론토 대학교의 연구실을 빌려주고, 조교인 베스트를 보내 준 사람이었어요. 그러나 밴팅은 매클라우드가 연구 환경을 조성해 준 것은 맞지만, 실제로 연구에 참여한 것은 베스트이니 노벨상 공동 수상자는 당연히 베스트가 되어야 한다고 주장했어요.

그러나 노벨상 위원회는 매클라우드의 데이터 해석, 임상 시험 관리 및 발표 업적을 높이 평가했어요. 결국 밴팅과 매클라우드만 수상하게 되었죠. 밴팅은 이에 분노해 노벨상을 거부하려고도 했어요. 결국 노벨상을 받고도 밴팅은 상금의 절반을 베스트에게 나누어 주어 노벨상 수상자에 대한 불공평을 어필했어요. 1972년, 결국 노벨 재단은 수상자 목록에서 베스트를 생략한 것이 실수라고 공식 인정하게 됩니다.

당뇨병 환자들을 위해, 밴팅은 인슐린 특허를 단돈 1달러에 토론토 대학교에 넘겨요. 사실상 인슐린 특허를 포기한 겁니다. 당뇨병으로 고생하는 사람들로부터 돈을 받을 수 없다는 뜻이겠죠. 함께 연구한 동료가 인정받도록 끝까지 돕고 자신의 연구 업적을 모든 이들이 널리 이용할 수 있도록 한 밴팅은 참 의로운 과학자였습니다. 그는 제2차 세계 대전 참전 중 49세에 세상을 떠납니다. 그를 기리기 위해 캐나다 100달러 지폐 뒷면에는 인슐린 한 병이 그려져 있답니다.

갑상샘 호르몬과 방사능이 관련 있다고?

러시아 우크라이나 전쟁 때문에 유럽에서 아이오딘 알약을 사재기하는 일이 일어났다는 기사가 있었습니다. 러시아가 핵 공격을 하겠다며 위협했기 때문이라고 하는데요. 핵 공격과 아이오딘 알약이 무슨 상관일까요? 바로 갑상샘 호르몬인 '티록신'을 이해하면 알 수 있어요.

갑상샘은 목 부분 후두 아래에 있는 방패 모양의 내분비샘이에요. 갑상샘에서는 티록신이라는 호르몬을 만들어 분비한답니다. 티록신은 물질 대사에 관련된 호르몬으로, 단백질 합성을 자극하고 세포 호흡률을 늘려요.

이 티록신 호르몬을 만드는 데 중요한 원소가 핵폭탄의 주요 재료입니다. 바로 원자 번호 53번인 아이오딘이에요. 핵폭탄이 터지면 방사성 아이오딘이 발생합니다. 우리 몸은 티록신을 만들려고 방사성 아이오딘을 빠르게 흡수하죠. 하지만 방사성 원소는 정상적인 갑상샘 세포를 죽여요. 그렇게 되면 티록신을 만들지 못해 질병에 걸리게 됩니다. 역으로 이 방법을 이용해 갑상샘암을 치료하기도 합니다. 방사성 아이오딘을 주입해 갑상샘 암세포를 죽이는 것이죠.

자, 다시 처음의 질문으로 돌아갈게요. 핵 공격이 시작될 때 아이오딘 알약을 미리 먹으면 어떻게 될까요? 몸에 아이오딘이 많기에 방사성 아이오딘을 흡수하지 않겠죠. 그래서 유럽에서 아이오딘 알약을 사재기한 거랍니다. 아이오딘은 해산물에 많이 들어 있어요. 건강한 티록신을 만들기 위해서는 해산물을 많이 먹는 게 좋겠죠?

DNA의 이중 나선 구조를 밝히다

제임스 왓슨 & 프랜시스 크릭

James Watson & Francis Crick

1928~   **1916~2004**

미국 출생   영국 출생

분자생물학자, 유전학자   생물학자

대표 업적

DNA의 이중 나선 구조 발견

《이중 나선》 저술(왓슨)

센트럴 도그마 제안(크릭)

이제 우리는 DNA가 유전자를 포함하고 있다는 것을 알지만, 1950년만 해도 DNA의 중요함을 몰랐어요. 멘델의 연구 이후 과학자들은 유전자를 찾아 나섰고, 세포 속에 있는 염색체에 유전자가 들어 있다는 것을 알아냈습니다. 하지만 염색체는 DNA와 단백질로 구성되어 있었어요. 이 두 물질 중에서 무엇이 유전자일까요?

DNA는 네 가지 단위체로, 단백질은 스무 가지 단위체로 되어 있어요. 그렇기에 과학자들은 단백질이 유전자라고 생각했습니다. 인간의 수많은 형질을 결정하려면 유전자가 많아야 하고, 단위체가 스무 가지나 있어 많은 조합을 만들 수 있는 단백질이 더 큰 역할을 할 것으로 보였기 때문이었죠. 1944년까지는 단백질을 유전 물질로 인식하고 있었지만, 점차 DNA가 유전 물질이라는 실험적 결과들이 나왔어요. 하지만 과학자들은 여전히 단백질에 더 주목하고 있었어요. 아직 결정적인 증거가 없었거든요.

DNA를 향한 총성 없는 싸움

미국에서 태어나 생물학을 공부하던 제임스 왓슨은 1951년 박사 후 연구원 과정을 밟으러 유럽으로 갑니다. 여러 곳을 거쳤지만 결국 케임브리지의 캐번디시 연구소로 가서 프랜시스 크릭을 만나게 되어요. 크릭은 단백질 결정학을 연구하던 과학자였습니다. 둘은 나이 차이가 있었지만, DNA 연구를 같이 하게 됩니다.

단백질이나 DNA는 크기가 매우 작기 때문에 당시의 가장 좋은 현미경으로 봐도 보이지 않았어요. 이런 작은 분자들은 X선 회절 사진을 찍어 확인했어요. X선이 물체를 구성하는 입자들 사이를 통과하면서 경로가 달라지는데 이것을 '회절'이라고 해요. 과학자들은 X선 사진에 나온 특정 패턴의 무늬를 분석해 분자들 간의 거리를 계산할 수 있었습니다.

제임스 왓슨은 DNA의 X선 회절 사진을 보고 DNA가 중요한 물질임을 직감했어요. 규칙적인 모양을 한 DNA의 3차원 형태를 밝힌다면 유전 원리도 알 수 있다고 봤죠. 그런 면에서 프랜시스 크릭은 왓슨과 생각이 같았습니다.

　　　　　　　　　제임스 왓슨 & 프랜시스 크릭

라이너스 폴링과 단백질 모형

　그즈음 DNA가 유전자라는 증거가 속속 드러납니다. 이제 많은 과학자가 DNA의 3차원 구조를 밝히려고 연구에 뛰어들었어요. 그중 가장 앞서 나간 것은 왓슨과 크릭, X선 회절 사진을 전문적으로 찍는 영국의 모리스 윌킨스와 로절린드 프랭클린, 그리고 미국의 천재 화학자 라이너스 폴링입니다.

　라이너스 폴링이 먼저 포문을 열었어요. 단백질의 3차원 구조를 밝힌 것입니다. 그는 이 연구로 노벨상을 받죠. 왓슨과 크릭도 폴링을 천재라고 인정했어요. 당시 과학자들은 단백질 구조를 밝히려고 X선 회절 사진을 찍고, 수학적으로 계산했거든요. 하지만 폴링은 발상이 달랐습니다. 분자 모형을 만들어서 연결하고 끼워 봤어요. 모형이 안 끼워진다면 실제로도 안 만들어진다고 생각한 것이죠. 다른 과학자들은 이를 유치원생이나 하는 비과학적 방법이라 생각했지만, 왓슨은 재밌고 창의적인 생각이라고 느꼈죠. 나중에 왓슨도 DNA 구성 물질 모형을 만들어 DNA 모형을 만들어 가며 구조를 밝히게 됩니다.

폴링은 단백질이 나선 모양임을 밝혔어요. 많은 DNA 연구자가 DNA 역시 나선 모양임을 인지했죠. 이미 X선 회절 사진을 보고 DNA가 나선 모양임을 추측한 왓슨과 크릭은 조바심이 났어요. 어서 DNA 구조를 밝히기 위해 밤새 토론하고 연구했지만, 증거가 되는 더 정확한 X선 회절 사진이 필요했어요. 하지만 왓슨과 크릭은 사진 기술이 없었습니다.

훌륭한 테크니션, 로절린드 프랭클린

당시 DNA X선 회절 사진을 가장 잘 찍는 사람은 모리스 윌킨스였어요. 윌킨스는 킹스 대학에서 연구하고 있었는데, 같은 연구실에 로절린드 프랭클린이라는 여성 과학자가 들어옵니다. 윌킨스는 프랭클린을 조수로 생각했지만, 프랭클린은 조수가 될 생각이 없었어요. 동등한 위치의 연구자라고 생각했죠. 둘의 사이는 점점 벌어졌어요. 둘이 힘을 합쳤다면 영광의 자리를 먼저 차지할 수 있었을 텐데 말이죠.

프랭클린은 DNA의 X선 회절 사진을 아주 잘 찍었어요. 왓슨과 크릭 그리고 윌킨스와 프랭클린은 DNA에 관해 많은 토론을 했어요. 왓슨과 크릭이 DNA 구조를 제안하면, X선 회절 사진의 증거로 그 구조가 맞는지 계산해 보았죠.

처음에 왓슨과 크릭은 DNA가 3개의 사슬로 이루어진 구조라고 발표했어요. 그런데 프랭클린은 X선 회절 사진을 증거로 그들의 의견을 처참하게 부숴 버려요. 그토록 자신 있게 밝힌 구조가 틀렸음이 밝혀진 거예요. 왓슨은 DNA의 구조를 밝히는 과정을 상세하게 쓴 책 《이중 나선》에서 윌킨스가 프랭클린 때문에 괴롭다고 했다며 프랭클린을 신경질적 여성으로 묘사합니다.

이 일로 왓슨과 크릭의 입지는 좁아졌어요. 캐번디시 연구소 소장 브래그 경은 크릭이 박사 학위 논문을 쓰지도 않고 DNA 연구에만 매달린다고 비난했고, 왓슨도 미국에서 장학금 지급이 불안정한 상황이 되었죠. 원래 계획된 연구가 아니었기 때문이었어요. 어쩔 수 없이 크릭은 박사 논문으로, 왓슨은 담배 모자이크 바이러스 연구로 눈을 돌렸어요.

그때 앨프리드 허시와 마사 체이스라는 과학자가 바이러스

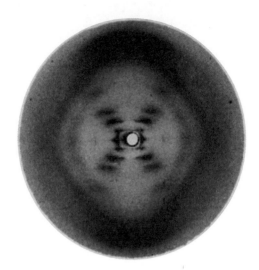

DNA X선 회절 사진

를 이용해 DNA가 유전 물질이라는 연구를 발표했어요. 다른 과학자들은 대수롭지 않게 생각했지만, 왓슨은 아니었어요. DNA가 유전 물질이라는 확실한 증거로 본 거죠. 그렇다면 DNA의 구조를 밝히기 위해서는 유전 물질의 구조를 밝혀야 한다고 왓슨은 확신합니다. 왓슨은 담배 모자이크 바이러스 연구가 손에 잡히지 않았어요. 어서 DNA의 구조를 밝혀야 했으니까요. 왓슨은 장난감 같은 모형을 만들어 DNA 구조를 연구했고, 크릭은 수학적으로 분자 간의 거리를 계산해 주었어요.

　문제는 천재 과학자 라이너스 폴링이 단백질 구조 연구를 마치고 DNA 구조 연구에 뛰어들었다는 겁니다. 폴링은 얼마 후

　　　　　제임스 왓슨 & 프랜시스 크릭

DNA 구조를 밝혔다는 소식을 전해요. 왓슨과 크릭은 당장 그가 제안한 구조를 확인했어요. 이미 자신들이 가정했다가 실패한 삼중 가닥 구조였죠. 시간이 없었어요. 폴링이 자신의 실수를 깨달으면 다시 연구를 시작할 것이기 때문이에요.

이 시점에 윌킨스는 프랭클린이 찍은 최신 DNA X선 회절 사진을 왓슨에게 줍니다. 이 사진을 보니 DNA가 나선임이 확실해 보였습니다. 분자 간의 거리와 나선의 지름, 회전 높이까지도 계산할 수 있었고요.

왓슨과 크릭은 DNA 구성 물질인 염기, 인, 당의 모형을 만들었어요. 폴링이 한 것처럼 모형을 이용해서 나선을 만들려고 했죠. 계속 모형을 이리저리 맞춰 보던 왓슨은 결국 꽈배기처럼 꼬인 이중 나선 모형을 만들게 되었습니다. 당시 발표한 DNA의 여러 증거에 들어맞았어요. 그리고 유전 물질, 즉 이중 나선은 복제 가능한 구조라는 점에서 정답에 가까웠죠. 많은 과학자가 검증했음에도 둘이 제안한 이중 나선에는 문제가 없었습니다. 천재 과학자 라이너스 폴링도 둘의 주장을 인정했죠.

결국 왓슨과 크릭은 DNA 전쟁에서 승리했어요. 1953년 둘은 "우리는 여기에 디옥시리보핵산(DNA)염의 구조를 제창하고자 한다"라고 시작하는 논문을 《네이처》에 발표합니다.

DNA 구조 발견은 대단한 업적이에요. 과학자들은 이제

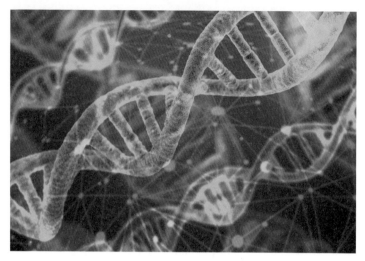

이중 나선으로 이루어진 DNA

DNA에 달려들었고, 생명의 신비를 연구하기 시작했죠. 이런 위대한 연구는 노벨상을 받아 마땅합니다. 왓슨과 크릭은 1962년에 윌킨스와 함께 노벨 생리·의학상을 공동으로 받아요. 1958년에 난소암으로 사망한 프랭클린은 목록에서 빠졌습니다. 노벨상은 3인 공동 수상까지만 허용했고, 죽은 사람에게는 수여하지 않는다는 규칙이 있었기 때문이죠.

《이중 나선》과 센트럴 도그마

DNA 하면 왓슨과 크릭이 유명하고, 공동 수상한 윌킨스는 거의 언급되지 않죠. 그럼 왓슨과 크릭에서 왜 왓슨의 이름이 앞

제임스 왓슨 & 프랜시스 크릭

으로 왔을까요? 왓슨이 크릭보다 나이도 훨씬 어리고 심지어 복잡한 계산은 크릭이 했는데 말이에요. 여기에는 재미있는 사연이 있답니다. 둘은 동전 던지기로 논문의 제1 저자를 정했다고 해요. 행운의 여신이 왓슨의 손을 들어 준 덕에 왓슨을 제1 저자로 등록했고, 지금까지 왓슨과 크릭이라는 순서로 부르게 되었어요.

둘은 정확한 DNA 구조 모형을 발표함으로써 스타가 되었어요. 그들의 연구가 20세기 과학 최고의 발견으로 인정되었거든요. 인기에 힘입어 왓슨은 1956년 하버드 대학교의 교수가 됩니다. 그때 그의 나이가 28세였으니 DNA의 구조를 밝힌 것이 얼마나 대단한 연구인지 알 수 있습니다.

왓슨을 전 세계적으로 유명하게 한 것은 또 있어요. 바로 1968년 출간된 그의 저서 《이중 나선》이에요. 왓슨이 영국으로 넘어와 DNA의 구조를 밝히기까지 상세한 과정을 서술한 논픽션입니다. 이 책은 프랭클린을 부정적으로 평가하고 있다는 점에서 논란이 있지만, DNA 구조를 밝히려는 긴장된 레이스를 생생하게 보여 주어 독자에게 박진감을 선사합니다. 미국의 유서 깊은 출판사 모던 라이브러리에서 선정한 20세기 최고의 논픽션 100에서 7위에 오르기도 했으니, 학교에서 DNA를 배웠다면 한번 읽어 보는 것도 좋겠습니다.

유명 과학자가 된 왓슨은 '인간 유전체 프로젝트'의 책임자로 선정되어요. 컴퓨터가 0과 1의 2진법으로 모든 연산을 해내는 것처럼 DNA는 염기 네 가지의 순서로 모든 유전자를 형성해요. 인간은 무려 30억 쌍의 염기를 가지고 있답니다. 인간 유전체 프로젝트는 이 30억 쌍의 염기의 종류와 순서를 밝히는 작업이었어요. 2004년 연구가 끝났을 때 인간은 2만 1,000~4만 5,000개에 이르는 유전자를 가지고 있음이 밝혀졌죠. 이때 밝혀진 유전자를 이용해, 이 책 말미에 등장할 유전자 가위를 이용한 질병 치료도 할 수 있는 거랍니다.

크릭도 박사 학위 후 케임브리지로 돌아와 수많은 후속 연구를 했어요. 특히 유전자인 DNA가 어떻게 단백질로 형질 발현되는지 연구했죠. 가장 유명한 것은 '센트럴 도그마'라고도 하는 분자생물학의 중심 원리입니다. 이 원리는 크릭이 1957년에 밝힌 것으로, DNA를 이용해 RNA를 만들고 이 RNA를 이용해 단백질을 만든다는 내용입니다. 지금은 당연한 원리지만, 이제 막 DNA가 유전자로 증명되고 구조가 밝혀진 시기에 나온 이론이라고 생각하면 대단한 통찰임이 틀림없습니다.

무단으로 사용된 X선 회절 사진

왓슨과 크릭의 연구는 대단하지만 프랭클린의 연구 결과를

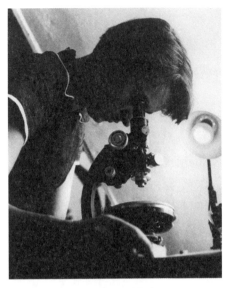

로절린드 프랭클린

멋대로 사용한 것은 지금까지 논란입니다. 프랭클린의 우수한 기술력으로 찍은 DNA X선 회절 사진이 없었다면 왓슨과 크릭은 DNA가 이중 나선임을 확인할 수 없었기 때문이에요. 하지만 프랭클린은 DNA X선 회절 사진을 둘에게 직접 제공한 적이 없었어요. 당시 킹스 대학의 윌킨스와 프랭클린의 사이가 좋지 않아서 윌킨스가 몰래 갖다줬다는 말도 있고, 왓슨과 크릭이 몰래 훔쳤다는 말도 있어요.

　당시 영국은 여성 과학자들을 차별했답니다. 남자 동료들과 같은 식당에서 식사도 하지 못하게 했다니 불만이 많았을 거예요. 그래서 윌킨스와 사이가 좋지 못했을 겁니다. 로절린드 프랭클린 같은 선구적인 여성 과학자들의 노력이 없었다면 남녀 간의 평등한 연구 환경도 이루지 못했을 것입니다. 자, 이제 DNA의 구조를 배울 때면 왓슨과 크릭 말고 로절린드 프랭클린도 떠올려 봅시다.

유전자 지도로
불치병을 정복할 수 있을까

2004년 완료된 인간 유전체 프로젝트로 우리는 인간의 모든 유전자를 염기 수준까지 분석했어요. 인간의 DNA는 30억 쌍의 염기가 있고, 2만 1,000개 이상의 유전자로 이루어졌습니다. 이제 불치병인 암도 정복하고 수명도 200살까지 늘어날 줄 알았지만, 현실은 그렇지 못합니다. 20년이 지난 지금에도 별다른 점이 없는 것 같아요.

사실 유전자의 발현은 굉장히 복잡한 과정을 거쳐요. 유전자 발현이란 DNA에 있는 정보를 RNA로 옮기고, 이 RNA의 정보를 이용해서 단백질을 만드는 겁니다. 첫 번째 단계를 '전사'라고 하고, 두 번째 단계를 '번역'이라고 합니다. 학교에서는 여기까지 배우지만, 사실 한 가지 과정이 더 있어요. 바로 '스플라이싱 과정'입니다.

DNA의 유전자 부분에는 실제 단백질을 만드는 데 필요 없는 부분이 많아요. 실제로 발현되는 부위를 엑손, 필요 없는 부분을 인트론이라고 불러요. 처음 전사된 RNA는 그대로 사용할 수 없습니다. 먼저 필요 없는 인트론 부분을 잘라서 엑손 부분끼리 연결하는 스플라이싱 과정을 거쳐야 하죠.

평균적으로 2만 7,000개의 염기가 전사됩니다. 하지만 실제로 번역에 필요한 부분은 약 1,200개의 염기죠. 그러니 DNA의 대부분이 필요 없

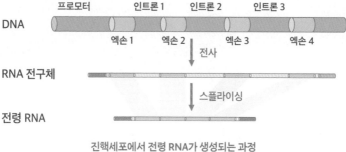

진핵세포에서 전령 RNA가 생성되는 과정

는 인트론이라는 것을 알 수 있네요. 어느 부위 인트론을 잘라 내느냐에 따라서 다양한 RNA도 만들 수 있죠. 또, 이 스플라이싱 과정에서 염기 하나만 잘못 잘라도 유전자로서 기능하지 못해요. 그래서 특정 유전자의 정확한 발현 과정을 알아내기 어려운 거예요.

이런 복잡한 과정 때문에 우리는 유전자 수준에서 무언가를 쉽게 바꾸기 어려운 것입니다. 왜 유전자 발현에는 이렇게 복잡한 과정이 있을까요? 혹시 신의 영역을 넘보는 인간에게 날리는 따끔한 충고일까요?

대학을 다니지 않은 침팬지 박사

침팬지에게
이름을 붙여 주자

#동물·자연 사랑꾼

사교성					
대담성					
계획성					
인내력					
감성					

10

야생 동물의 곁을 다정하게 지키다

제인 구달
Jane Goodall

1934~

영국 출생
동물학자, 환경 운동가

대표 업적

침팬지 행동 연구 최고 권위자
야생 동물 연구를 위한 연구소 설립

1960년, 탄자니아의 곰베에서 침팬지를 연구하던 제인 구달은 침팬지의 놀라운 행동을 보게 됩니다. 다름 아닌 도구의 사용이 었어요. 침팬지는 나뭇가지를 이용해 흰개미를 잡아먹고 있었어 요. 가는 나뭇가지를 흰개미 구멍에 넣고 잠시 기다린 후 나뭇가 지를 꺼내 딸려 나오는 개미를 입술로 훑어 잡아먹었죠. 먹이를 먹는 방법을 배우려는 건지 옆에 작은 침팬지가 이를 유심히 바 라보고 있고요. 우리가 텔레비전 프로그램에서 많이 봤던 장면 입니다.

알려지지 않았던 침팬지의 세계

지금 이 침팬지의 행동이 뭐가 대단한가 생각할지 모르겠 지만, 이 행동이 처음 관찰된 1960년에는 아니었어요. 그동안 도

구를 사용하는 생물은 오직 호
모 사피엔스 인간뿐이었어요.
아니, 사람들은 위대한 인간만
이 도구를 사용하는 생물이길
바랐죠.

도구를 사용하는 침팬지

　침팬지는 그동안 알려진
것과 다르게 육식도 했어요. 영
양을 사냥해 잡아먹었습니다.
제인 구달은 자신이 관찰한 이
사실을 학계에 보고했어요. 논란이 많았죠. 미국의 한 텔레비전
프로그램에서는 제인 구달이 보고한 이 사실을 확인하고자 곰베
의 숲으로 들어왔어요. 그리고 이를 촬영해 방송하면서 발달한
침팬지 사회를 가까이에서 대중에게 전달해 주었습니다. 이 모든
것이 용감한 생물학자 제인 구달 덕분이었어요. 그녀는 당시 차
별받던 여성의 몸으로 정글 속 침팬지 곁으로 갔어요. 훈련받은
군인들도 살 수 없을 야생의 밀림에서 10여 년을 보낸 겁니다.

어머니와 함께 나선 첫 밀림 탐험

　제인 구달은 1934년 영국에서 태어났어요. 두 살에 어머니
가 침팬지 인형을 사 주었는데, 구달은 주빌리라는 이름을 지어

주고 항상 같이 지냈어요. 닭장에 들어가 알 낳는 것을 직접 관찰하던 구달은 어려서부터 동물에 깊은 관심이 생겼죠. 구달은 동물의 천국인 아프리카에 가겠다고 말하곤 했고, 구달의 어머니는 언제나 딸의 꿈을 응원했답니다.

1957년 어느 날 구달은 케냐에 살고 있는 오랜 친구에게 놀러 오라는 편지를 받고 아프리카로 떠납니다. 구달은 거기서 위대한 스승, 고인류학자 루이스 리키를 만나요.

구달은 리키 박사의 연구를 도왔습니다. 리키 박사는 미개척지에서의 힘든 생활을 잘 이겨 내며 동물에 대한 풍부한 지식까지 갖춘 구달을 인정했어요. 구달에게 어려운 임무를 맡겨도 해낼 것이라 본 것이죠.

리키 박사는 구달이 침팬지 연구를 할 수 있도록 연구 자금을 구하려 했어요. 하지만 쉽지 않았습니다. 구달이 여자라는 이유도 있었고, 탄자니아 곰베는 홀로 갈 수 없는 위험한 밀림이었기 때문이었어요. 당국에서는 동행이 있어야 한다고 했는데, 문명과 동떨어진 위험한 밀림으로 들어갈 사람은 없었답니다.

구달의 침팬지 연구가 무산될 뻔한 그때, 훌륭한 동행자가 나섰어요. 바로 구달의 어머니였어요. 어려서부터 구달을 응원한 어머니는 기꺼이 함께 밀림으로 들어가기로 합니다. 1960년 7월 구달은 어머니와 탄자니아 곰베의 탕가니카 호수로 떠납니다. 그곳에서 6개월 동안 침팬지를 연구하려 했어요.

그런데 연구의 첫발을 내디디자마자 문제가 생겼어요. 침팬지들이 처음 보는 사람을 경계한다는 거였어요. 구달이 나타나면 침팬지들은 멀리 숲으로 도망갔죠. 하지만 구달은 포기하지 않았어요. 계속 같은 자리에서 침팬지를 기다렸죠. 그런 구달의 노력을 알았을까요? 침팬지들의 경계가 점차 사라지며 가까이 오게 됩니다. 구달은 침팬지들에게 이름을 붙여 줬어요. 데이비드라는 침팬지는 구달을 처음으로 믿어 준 침팬지예요. 용감하게도 구달의 캠프까지 찾아와 바나나를 받아 갔습니다.

침팬지는 인간처럼 50여 마리가 사회를 이루고 있었어요. 무리의 우두머리 수컷은 골리앗이었습니다. 서열 2위는 제이비, 3위는 휴였고요. 암컷 서열 1위는 플로라고 이름을 붙였답니다. 침팬지 간에 서열 싸움도 있었어요. 1964년 골리앗은 마이크에게 우두머리 자리를 빼앗겼어요. 마이크는 구달의 캠프에서 석유 드럼통을 가져가서 바닥에 던지며 큰 소리를 내는 등 과시 행동을 했어요. 6년 후 마이크는 험프리에게 우두머리 자리를 내주고 험프리는 피건에게, 피건은 고블린에게 우두머리 자리를 넘겨 주었죠.

침팬지는 웬만해서는 서로 공격하지 않았지만, 가끔 전쟁을 했어요. 여러 무리가 한 마리를 잔인하게 공격했죠. 구달은 바로 침팬지를 돕고 싶었지만, 침팬지는 인간보다 몇 배나 힘이 강했어요. 인간은 동물의 세계에 끼어들면 안 된다는 규칙도 있었고요. 하지만 구달은 규칙을 어기고 부상 입은 침팬지를 나중에 치료해 주었답니다. 그대로 두면 죽게 될 것이 빤했거든요.

침팬지는 의사소통도 해요. 물론 인간처럼 고도로 발달한 언어를 구사하지 못하지만 화난 소리, 경고의 소리, 겁이 난 소리 등 구달은 최소 세른네 가지의 침팬지 언어를 발견했답니다.

침팬지는 털 고르기도 좋아합니다. 한 시간이 넘는 시간 동안 옆에 있는 침팬지의 털을 고르고 벌레를 잡아 주는데, 이는 침팬지들이 공동체를 확인하는 우호적 행동입니다. 구달에게 가장 우호적이었던 데이비드는 구달에게 털 고르기를 허락할 만큼 구달을 믿었어요. 데이비드와 구달은 서로 손을 잡기도 했답니다. 사랑으로 동물을 대한 여성 과학자 구달 덕분에 인류는 그동안 몰랐던 침팬지 사회의 많은 것을 알게 되었습니다.

침팬지 연구에서 침팬지 보호로

앞에서 구달이 침팬지에게 이름을 붙였다고 했죠. 구달이 처음 리키 박사를 통해 연구를 발표했을 때, 과학자들은 문제를 제기했어요. 당시에는 1번 침팬지, 2번 침팬지 하는 식으로 번호를 붙여야 한다고 생각했어요. 이름을 붙이면 인간의 판단이 개

데이비드의 털을 골라 주는 구달

입하기 때문이었어요. 구달은 우두머리 침팬지에게 골리앗이라
는 이름을 지었는데 골리앗은 성경에 나오는 커다란 장수였어요.
누구나 골리앗의 외모를 예상할 수 있죠.

　　그러나 동료 과학자들의 질타에도 구달은 굴하지 않았어요.
이름을 지어 주고 침팬지를 사랑했어요. 인간이 자연에 끼어들
면 안 된다는 불문율을 어기고 다친 침팬지를 구했죠. 이런 구달
의 사랑을 침팬지도 몸으로 느꼈을 겁니다. 결국 구달은 침팬지
사회에서 인정받은 최초이자 마지막 인간이 되었고, 침팬지 바

로 옆에서 영장류를 연구할 수 있었답니다.

구달은 대학을 다니지도 않았어요. 하지만 연구는 어떤 박사보다 뛰어났죠. 지금 영장류 연구에서는 남성과 여성이 거의 동등하게 활동하고 있는데 이는 모두 구달의 노력 때문입니다.

여성 과학자들이 활약할 수 있게 도운 리키 박사의 역할도 대단했어요. '리키의 천사들'이라고 불리는 세 명의 여성 영장류 연구자가 있어요. 바로 제인 구달, 다이앤 포시, 비루테 갈디카스예요. 구달은 탄자니아에서 침팬지를 연구했고, 다이앤 포시는 르완다의 화산 지대에서 마운틴 고릴라를, 비루테 갈디카스는 인도네시아의 숲에서 오랑우탄을 연구했어요. 모두 어려운 환경을 뚫고 영장류 연구의 선구자가 되었고, 영장류 보호에도 앞장섰답니다.

구달이 곰베에서 지내는 동안에도 곰베의 밀림은 점점 훼손되었어요. 탄자니아에서 밀림의 나무를 잘랐기 때문이에요. 침팬지의 서식지가 점차 줄어들었죠. 처음에 200만 마리나 되었던 침팬지가 현재는 15만 마리만 남았어요.

구달은 침팬지와 그 서식지 보호를 위해 1977년 제인 구달 연구소를 설립했어요. 제인 구달 연구소는 아프리카 지역 사회 보존 활동을 하고 있으며, 현재 100여 개 국가에서 1만 개 이상의 그룹이 활동하고 있다고 해요. 연구소는 이 외에도 침팬지 재활 센터를 설립해 어미를 잃은 아기 침팬지를 돌보고 자연으로 돌려주는 일을 하고 있답니다.

구달의 동료인 다이앤 포시는 고릴라 밀렵과 관광 금지를 주장했죠. 멸종 위기종이라 밀렵은 이미 금지였지만, 돈을 벌기 위한 불법 밀렵이 끊이지 않았어요. 포시는 순찰 자금을 냈고, 밀렵을 감시하고 덫을 제거하는 등의 노력을 했어요. 안타깝게도 다이앤 포시는 1985년 그녀의 오두막에서 미지의 인물에게 살해됩니다. 비루테 갈디카스는 지금도 오랑우탄을 보호하고 밀렵을 막기 위해 노력하고 있어요. 밀렵된 새끼 오랑우탄을 구조해 자립을 돕고, 오랑우탄 홍보 활동을 적극적으로 하고 있답니다.

구달을 비롯한 여성 과학자들의 활동이 어때요? 침팬지, 고릴라, 오랑우탄을 사랑으로 대하고 이를 보호하려 노력하는 여성 과학자들이 멋지지 않나요? 89세인 구달은 지금도 지구 환경을 위해 활동하고 있어요. 우리도 구달을 본받아 동물을 사랑하고 지구를 생각하는 멋진 사람이 되도록 노력해 봐요.

제인 구달

침팬지와 인간이 겨우 1퍼센트 차이라고?

텔레비전에서 동물 다큐멘터리를 보면 원숭이과 동물이 자주 나와요. 작은 원숭이가 긴 팔로 이 나무에서 저 나무로 곡예를 하듯 넘어갑니다. 다양한 원숭이가 있는데, 안경원숭이는 안경을 쓴 것 같은 모습이고, 일본원숭이는 사람처럼 온천욕을 즐깁니다.

그런데 제인 구달이 연구한 침팬지는 원숭이들과 달리 유인원에 속해요. 유인원이 원숭이와 다른 가장 큰 특징은 꼬리가 없다는 거예요. 유인원은 다섯 종류가 있는데 긴팔원숭이, 오랑우탄, 고릴라, 침팬지, 보노보예요.

긴팔원숭이는 동남아시아에서만 발견되고 거의 몸의 길이만 한 긴 팔을 가지고 있어요. 오랑우탄은 인도네시아의 수마트라와 보르네오섬에 서식해요. 고릴라, 침팬지는 아프리카에 살고 보노보는 아프리카의 콩고에만 살고 있답니다. 인간이 자신의 이익을 위해 서식지를 파괴한 탓에, 모두 멸종 위기에 처해 있습니다.

인간과 가장 가까운 동물은 역시 침팬지입니다. 침팬지와 인간의 유전체는 99퍼센트가 일치해요. 겉모습은 많이 다른데 겨우 1퍼센트 차이라니 이상하죠? 하지만 염기가 30억 쌍인 것을 생각해 본다면, 1퍼센트라도 3000만 개의 염기가 다른 겁니다. 염기 하나만 달라도 형질에는 큰 차이를 보이므로 유전자에서는 1퍼센트는 결코 작은 것이 아니에요. 또한 인간은 침팬지와 열아홉 가지 조절 유전자가 다르다고 합니다. 유전자의 발현이 촉진되고 억제되는 정도가 다르므로 결국 많은 차이를 보이게 된 것이죠.

자연 선택의
단위는
유전자다

#지구 대표
무신론자

사교성					
대담성					
계획성					
인내력					
감성					

11

진화생물학의 대중화에 앞장서다

리쳐드 도킨스
Richard Dawkins

1941~

케냐 출생
진화생물학자, 과학 저술가

대표 업적

《이기적 유전자》, 《확장된 표현형》 저술
수많은 저술과 강연을 통해 과학 대중화에 앞장섬

《이기적 유전자》라는 책을 들어 봤나요? 1976년 쓰인 이 책은 2017년 영국 왕립 학회에서 선정한 가장 영향력 있는 과학 도서이자 서울대학교에서 선정한 필독서입니다. 제목에 유전자라는 말이 있으니 유전 현상을 말하는 유전학 책인가? 하고 생각이 들어요. 하지만 이 책은 진화론을 다룬 책이랍니다. 앞에서 배운 찰스 다윈의 그 진화론입니다. 다만 이 책에서는 그 진화의 원동력을 '유전자'로 봤습니다. 이번에 소개할 진화생물학자, 리처드 도킨스가 바로 이 책을 썼습니다.

"생물체란 유전자가 자기 복제를 위해 만들어 놓은 로봇과 마찬가지 존재다." 이기적 유전자에 나오는 다소 충격적인 문장입니다. 우리 인간의 몸은 그저 껍데기일 뿐 내 몸의 진정한 주인은 유전자라는 말입니다. 내 몸의 주인이 유전자라니 도대체

무슨 말일까요? 찬찬히 살펴보도록 하겠습니다.

옥스퍼드 교육이 키워 낸 도킨스

리처드 도킨스는 1941년 아프리카 케냐에서 태어났어요. 리처드의 아버지 존 도킨스는 영국의 공무원이었는데, 당시 영국의 식민지였던 케냐에 파견되어 농무부 공무원으로 일하고 있었거든요.

도킨스는 여덟 살 때 짐바브웨에 있는 이글 학교에 두 학기 동안 다녀요. 도킨스는 학교 도서관에서 발견한 책 《둘리틀 선생 이야기》에 푹 빠집니다. 동물과 대화 능력이 있는 둘리틀 선생에 관한 동화였죠. 도킨스는 둘리틀 선생보다 더 나아가서 텔레파시로 동물들과 대화하려고 시도했답니다. 그만큼 동물을 사랑한 것이죠.

이글 학교 선생님들은 전교생을 데리고 숲과 초원을 다녔어요. 학생들은 폭포에서 수영하고 모험을 즐겼죠. 어린 시절 자연에서 보낸 경험이 지금의 생물학자 도킨스를 만들었지도 모르겠네요.

1949년 영국에 돌아온 도킨스는 계속 기숙 학교 생활을 합니다. 솔즈베리에 있는 섀핀 그로브 학교를 다닌 후, 열세 살부터 열여덟살까지는 노샘프턴셔에 있는 사립 학교 온들 기숙 학

니콜라스 틴베르헌

교에 다녔습니다. 도킨스는 이때부터 종교를 거부해요. 학교에서 주관하는 예배 시간에 예배당에 나아가 무릎 꿇지 않겠다고 선언합니다. 즉, 무신론자가 된 것이죠. 도킨스는 신이 복잡한 생명을 만들었다는 성경의 내용에 반대하고 진화로 생명이 만들어졌다고 믿었거든요.

그의 무신론은 지금까지도 굳건해, 여전히 창조론을 믿는 사람들과 열띤 논쟁을 하고 있습니다.

고등학교를 졸업한 도킨스는 옥스퍼드 대학교에 들어가요. 무려 30개의 단과 대학이 연합한 대학교인데요. 도킨스는 가장 우수하고 전통적인 베일리올 대학에 들어가 동물학을 전공해요. 도킨스는 옥스퍼드로부터 큰 도움을 받았습니다. 암기식 강의가 아닌 튜터 제도(개인 지도)로 창조적인 생각을 하는 법을 배운 것이죠.

도킨스는 니콜라스 틴베르헌의 지도를 받아요. 틴베르헌은 꿀벌의 행동 연구로 노벨상을 받은 유능한 과학자였어요. 틴베르헌은 도킨스에게 논문을 읽게 하고 논문에 관해 종합 보고서를 쓰라고 했어요. 이러한 교육은 과학자로서의 역량을 무척 성장시켜 줬어요. 틴베르헌의 연구에 관심이 많았던 도킨스는 그의 연구생으로 들어가 동물 행동 연구로 박사 학위를 받게 됩니다.

진화의 원동력은 유전자다

1966년, 지도 교수인 틴베르헌이 안식년을 맞자 도킨스는 옥스퍼드의 동물 행동학 수업을 맡게 되었어요. 수업 주제를 고민하던 도킨스는 영국의 진화생물학자 윌리엄 도널드 해밀턴의 '친족 선택 이론'을 강의하기로 합니다.

다윈의 진화론에서는 개체의 변이에 따른 자연 선택이 진화를 일으킨다고 보았죠. 다윈은 유전자의 존재를 알지 못했거든요. 해밀턴은 자연 선택의 단위를 개체가 아닌 유전자로 보고 사회적 동물인 개미, 꿀벌을 그 예로 들었어요. 여왕개미와 수개미는 하늘을 날아서 한 번의 짝짓기를 합니다. 이때 여왕개미는 평생 사용할 정자를 자신의 몸에 저장해요. 다시 땅으로 내려온 여왕개미는 굴을 파서 많은 수의 일개미를 낳습니다. 일개미는 생식 능력이 없어 자신의 유전자를 자손에게 전달할 수 없어요. 다만 열심히 일하며 어린 여왕개미와 수개미를 먹이고 보살피죠. 일개미의 이타적 행동은 오직 개미 유전자를 후손에 전달하는

리처드 도킨스

데 맞춰져 있는 겁니다.

그런데 도킨스는 이타적으로 보이는 이 행동이 사실은 '이기적'인 행동이라고 관점을 전환해 자신만의 '이기적 유전자' 이론을 세우기 시작합니다. 인간으로 예를 들어 봅시다. 부모는 자식을 열심히 돌봅니다. 이는 유전자 전달을 위해서 당연한 행동이죠. 그럼 형제, 자매는 어떨까요? 큰아버지, 이모는 어때요? 당연한 이야기지만 친족은 타인보다 가깝고 서로를 보살핍니다. 도킨스에 따르면 이는 타인보다 친족 간의 유전자가 비슷하기 때문입니다.

《이기적 유전자》의 결론은 결국 자연 선택의 단위가 유전자라는 거예요. 인간의 몸은 100년이면 죽지만 자식을 낳으므로 유전자는 영원히 전달할 수 있습니다. 인간이 껍데기에 불과하다는 다소 강한 표현은 여기서 나온 거죠. 즉《이기적 유전자》는 독창적인 연구 결과가 아니라, 해밀턴을 비롯한 학자들의 유전자 중심의 진화론을 대중들이 알기 친숙하게 설명한 과학 대중서입니다.

유전자도 자연에서 경쟁합니다. 공작새를 생각해 보세요. 공작새 수컷은 화려한 깃털을 가지고 있어요. 너무 화려해서 눈에 잘 띄기도 하고, 날아가기도 불리해 천적에게 잡아먹혀 일찍 죽을 가능성이 커요. 칙칙하고 수수한 깃털을 만들면 오래 살 수 있을 텐데 공작새 수컷은 왜 화려한 깃털을 가지게 되었을까요? 암컷들이 화려한 깃털의 수컷에게 끌리므로 짝짓기를 하지 못해 유전자를 전달할 확률이 낮아지기 때문입니다. 결국 화려한 깃털의 공작새 수컷만이 유전자를 전달하고, 그런 이유로 공작새 수컷의 깃털은 점점 더 화려하게 진화하는 겁니다.

뇌에서 뇌로 전달되는 자기 복제자, 밈

도킨스는 《이기적 유전자》에서 자기 복제자로서의 DNA를 설명했어요. 우주 멀리에서 생전 처음 보는 생명체를 만나더라도, 그리고 심지어 그 생물이 지구의 생물과 화학적 구조가 다르더라도 모든 생물의 기본 원리는 '자기 복제'라는 거죠. 지구의 생명체의 경우 DNA가 그런 자기 복제자입니다.

그런데 도킨스는 DNA 외에 새로운 자기 복제자가 있다고 말해요. 그것도 우주 멀리가 아니라 바로 지구에요. 도킨스가 말하는 자기 복제자는 바로 '문화'입니다.

대한민국에는 대한민국만의 문화가 있죠? 한복이 있고, 김치가 있는 것처럼요. 김치도 지역마다 독특한 특징이 있어요. 강원도에서는 명태를 넣고, 전라도에서는 무를 갈아서 김치 속을 채우죠. 김치를 만드는 사람들은 부모에게서 그 방법을 배웠을 거예요. 강원도에는 명태를 넣어 만드는 문화, 전라도에는 무를

리처드 도킨스

갈아서 만드는 김치 문화가 전해지는 것이죠.

리처드 도킨스는 이 문화 전달 단위를 밈^{meme}이라고 이름 붙였어요. 유전자를 뜻하는 진^{gene}과 발음이 유사하죠. 밈의 예로는 김치 외에도 노래, 사상, 유행 등이 있어요. 유전자는 자식을 낳아야 전달되지만, 밈은 뇌에서 뇌로 전달된다고 했어요. 아름다운 그림 〈모나리자〉, 위대한 모차르트 교향곡은 세대를 건너 밈의 세계에서 퍼져 나갑니다. 비록 모차르트의 유전자는 온전히 남아 있지 않지만, 모차르트의 밈은 생생히 남아 있는 거죠.

도킨스에 따르면 밈은 유전자처럼 돌연변이도 일으켜요. 인간은 비슷하지만 새로운 노래를 창조하고, 기존의 과학 이론을 토대로 새로운 과학 이론을 만들어 내죠. 밈은 유전자보다 진화가 훨씬 빠릅니다. DNA에 의한 진화는 수십억 년에 걸쳐 천천히 일어났지만, 문화는 빠르게 변하니까요.

유전자는 몸 밖까지 영향을 미친다

도킨스는 생명의 진화를 설명하면서 유전자 단위가 중요하다고 주장했어요. 개체 하나, 그러니까 나 한 몸뚱이는 별로 중요하지 않은 통과점에 불과해요. 우리 각각은 내 삶만큼 중요한 것이 없다고 느끼지만, 도킨스는 이런 개념을 버려야 한다고 주장해요.

어떤 독자들은 도킨스에 반발해 겨우 내 몸 안에 있는 유전자가 뭐 그렇게 중요하냐고 주장하고 싶을 거예요. 유전자는 겨우 내 몸을 표현할 뿐이잖아요. 멘델이 연구했던 완두를 생각해 보면, 유전자는 완두콩의 색깔과 모양을 결정할 뿐입니다. 인간의 유전자도 혈액형을 결정하고, 키를 크거나 작게 하고, 팔을 만들고, 다리를 만들 뿐이에요.

그러나 도킨스의 관점은 다릅니다. 그는 유전자가 '전 세계에 미치는 모든 효과'라고 말해요. 유전자는 개체 안에서만 무엇을 결정하는 것이 아니라 내 몸 밖까지 영향을 미친다는 의미입니다. 유전자가 몸 안뿐만 아니라 밖까지 확장되어 표현되는 '확장된 표현형'이라는 거죠.

거미줄, 까치집, 날도래 애벌레의 집과 같은 작은 건축물을 생각해 봅시다. 날도래는 하천에 사는 곤충이에요. 사진을 보면 날도래는 나뭇조각이나 돌을 덕지덕지 붙인 집을 만들어 달팽이처럼 짊어지고 다녀요. 하지만 달팽이와는 달라요. 달팽이는 껍데기를 만드는 유전자가 있고, 그 유전자의 정보에 따라 껍데기를 만드는 거니까요. 날도래에게는 집을 만드는 유전자가 없어요. 하지만 날도래의 집은 달팽이와 마찬가지로 생존에 영향을 미칩니다. 주변 환경과 비슷해 보이는 집을 만들고 그 안에 들어가 있다면 천적들의 눈에 띄지 않을 테고 생존에 더 유리하겠죠.

리처드 도킨스

날도래 유충의 집

생존하면 유전자를 전달할 확률이 높아지고요. 자연적으로 만들어지지 않은 것이 자연 선택에 커다란 영향을 미치고 있는 겁니다. 날도래의 어떤 유전자가 날도래로 하여금 집을 만들도록 했고, 도킨스는 이를 확장된 표현형이라고 말한 거예요.

다른 예를 살펴볼까요? 어떤 달팽이 몸 안에는 기생 생물인 흡충이 있어요. 이 흡충이 기생하는 달팽이는 일반적인 달팽이보다 껍데기를 더 두껍게 만듭니다. 물론 달팽이는 껍데기를 더 두껍게 만들수록 생존에 더 유리합니다. 그러나 동시에 그 몸 안에 사는 흡충의 생존 확률도 높아집니다. 달팽이 유전자가 껍데기를 더 두껍게 만들도록 했지만, 마치 흡충의 유전자가 외부의 달팽이 유전자를 조종한 것과 같은 결과가 나온 겁니다. 이 역시 확장된 표현형이죠.

뻐꾸기도 다른 생물을 조종해요. 개개비나 붉은머리오목눈이의 둥지에 알을 낳는 거죠. 알 모양이 비슷하니 개개비나 오목눈이는 쉽게 속습니다. 심지어 새끼 뻐꾸기가 곧 숙주 어미 새보다 두 배나 몸집이 커지는데도, 숙주인 어미는 먹이를 계속 물어다 주죠.

뻐꾸기보다 더 심한 동물도 있어요. 튀니지개미는 개미굴에 들어가 일개미들을 조종합니다. 일개미들은 자신의 여왕개미를 죽이고 튀니지개미의 알과 애벌레를 돌봅니다. 어떻게 이런 일이 가능할까요? 개미들의 대화에 사용하는 페로몬으로 튀니지개미가 일개미를 조종한 것입니다. 튀니지개미의 유전자가 확장된 표현형이 되어 이런 일을 일으킨 것이죠.

도킨스는 이처럼 여러 예시를 들어 생물의 모든 행동을 확장된 표현형이라고 봐야 한다고 주장해요. 이는 진화를 일으키는 중심은 개체가 아니라 유전자라는 주장을 뒷받침하는 거랍니다.

도킨스는 《이기적 유전자》 외에도 《확장된 표현형》, 《눈먼 시계공》 등 수많은 책을 썼어요. 어려운 과학 개념을 쉽게 설명하기 위해 노력한 거예요. 도킨스는 저술과 강연으로 과학 대중화에 앞서 마이클 패러데이 상(1990), 국제 코스모스상(1997), 니렌버그 상(2009) 등 수많은 상을 받습니다. 지금은 세계에서 가장 영향력 있는 과학 저술가 중 한 명이고요. 조금 어렵겠지만, 도킨스의 대표작 《이기적 유전자》는 그만큼 흥미로운 내용을 담고 있는 책이에요. 여러분에게도 이 책을 추천하고 싶습니다.

다인자 유전이란 무엇일까

앞에서 멘델을 소개할 때 기본적인 유전 법칙을 배웠어요. 완두콩의 색을 결정하는 유전자를 노란색(Y), 초록색(y)라고 가정해 우열의 법칙과 분리의 법칙을 확인할 수 있었죠. 이것을 '단일 인자 유전'이라고 해요. 한 가지 형질에 한 쌍의 유전자가 관여하는 것이죠. 완두콩은 표현형도 노란색과 초록색으로 간단해요.

하지만 한 가지 형질에 여러 가지 유전자가 관여하는 형질이 있어요. 표현형이 다양한 키, 몸무게, 지능, 피부색 같은 형질은 '다인자 유전' 방식으로 유전됩니다.

피부색을 예로 들어 볼게요. 피부색을 결정하는 유전자가 세 쌍(Aa, Bb, Cc) 있다고 가정해 볼게요. 피부색은 멜라닌 색소에 따라 결정되는데 각 대문자는 색소를 만드는 유전자이고 소문자는 색소를 못 만드는 유전자입니다. 그렇다면 가장 어두운 피부는 AABBCC가 되고, 가장 밝은 피부는 aabbcc가 됩니다. AABBCC는 멜라닌 색소를 6개 만들어 가장 어둡고, aabbcc는 1개도 못 만들어 가장 밝게 됩니다.

그럼 멜라닌 색소를 3개 만드는 AaBbCc(갈색)인 사람끼리 결혼한다면 자녀는 어떻게 나올까요? 다음 표와 같이 64가지 유전자 조합이 나옵니다.

	ABC	ABc	AbC	aBC	Abc	aBc	abC	abc
ABC	ABC	ABc	AbC	aBC	Abc	aBc	abC	abc
	ABC	ABC	ABC	ABC	ABC	ABC	ABC	ABC
ABc	ABC	ABc	AbC	aBC	Abc	aBc	abC	abc
	ABc	ABc	ABc	ABc	ABc	ABc	ABc	ABc
AbC	ABC	ABc	AbC	aBC	Abc	aBc	abC	abc
	AbC	AbC	AbC	AbC	AbC	AbC	AbC	AbC
aBC	ABC	ABc	AbC	aBC	Abc	aBc	abC	abc
	aBC	aBC	aBC	aBC	aBC	aBC	aBC	aBC
Abc	ABC	ABc	AbC	aBC	Abc	aBc	abC	abc
	Abc	Abc	Abc	Abc	Abc	Abc	Abc	Abc
aBc	ABC	ABc	AbC	aBC	Abc	aBc	abC	abc
	aBc	aBc	aBc	aBc	aBc	aBc	aBc	aBc
abC	ABC	ABc	AbC	aBC	Abc	aBc	abC	abc
	abC	abC	abC	abC	abC	abC	abC	abC
abc	ABC	ABc	AbC	aBC	Abc	aBc	abC	abc
	abc	abc	abc	abc	abc	abc	abc	abc

64가지 유전자 조합

복잡해 보이는 이 표를 뜯어보지는 않아도 됩니다. 멜라닌 색소는 대문자 알파벳의 숫자가 중요해요. 숫자를 세 보면 대문자 6개인 경우(한 가지 조합), 5개인 경우(여섯 가지 조합), 4개인 경우(열다섯 가지 조합), 3개인 경우(스무 가지 조합), 2개인 경우(열다섯 가지 조합), 1개인 경우(여섯 가지 조합), 0개인 경우(한 가지 조합)가 나옵니다.

갈색 피부인 사람끼리 결혼했을 때, $\frac{1}{64}$의 확률로 가장 어두운색의 피부를 가진 사람과 가장 밝은색의 피부를 가진 사람이 나올 수 있어요. 하지만 부모를 닮아 갈색 피부(대문자 3개)일 확률이 $\frac{20}{64}$으로 가장 크죠. 대문자 4개, 2개인 사람은 3개인 사람과 피부색 차이가 별로 없을 거예요. 그것까지 생각하면 $\frac{50}{64}$으로 굉장히 높은 확률이 됩니다. 즉, 키나 몸무게처럼 표현형이 다양한 다인자 유전은 부모를 닮을 확률이 가장 높겠네요. 물론 환경의 영향도 있지만요.

유전자 가위 최초 개발자

인간의 배아 세포를 편집해서는 안 된다

#지금 가장 핫한 생화학자

사교성					
대담성					
계획성					
인내력					
감성					

12

유전자 편집의
가능성을 열다

제니퍼 다우드나
Jennifer Doudna

1964~

미국 출생
생화학자

대표 업적

크리스퍼 캐스 나인 유전자 가위 발견
《크리스퍼가 온다》 저술

우리 몸속의 혈액은 혈구와 혈장으로 구성되어 있어요. 혈구는 백혈구, 적혈구, 혈소판으로 구성되는데 적혈구가 가장 많은 비율을 차지합니다. 이 적혈구의 색이 빨간색이라 혈액이 빨간색이랍니다.

적혈구는 매끈한 원반 모양으로 산소를 운반하는 기능이 있어요. 우리가 살아가려면 에너지를 만들어야 하는데 온몸의 세포는 산소로 포도당을 분해해 에너지를 얻습니다. 적혈구가 모세 혈관 구석구석 다니며 산소를 공급해 주어 세포가 생명 활동을 하는 거예요.

원리를 알아도 치료할 수 없던 유전병

그런데 적혈구가 원반이 아니라 낫 모양인 사람들이 있어요.

'낮 모양 적혈구 빈혈'이라는 유전병의 증상이에요. 이 적혈구는 제 기능을 하지 못해 산소를 잘 운반하지 못해요. 매끈한 모양이 아니라서 모세 혈관에서 뭉쳐 혈액 순환을 방해하고, 심한 빈혈 증상을 일으키기도 합니다. 생존에 아주 불리하죠. 우리나라에는 거의 없지만 아프리카에는 매우 높은 빈도로 발생하는 병입니다.

현대 과학의 발달로 이 질병이 일어나는 원리가 밝혀졌어요. DNA는 뉴클레오타이드라는 단위체가 연결되어 있는 분자인데, 뉴클레오타이드마다 염기라는 고리 모양의 구성 성분을 가지고 있어요. 염기는 A, T, C, G 네 가지고요. 낮 모양 적혈구를 가진 사람의 유전자는 정상 적혈구를 가진 사람과 염기가 하나 달라요. 정상 적혈구의 염기가 'CTT'라면 낮 모양 적혈구의 염기는 'CAT'로 가운데 T가 A로 바뀌어 있죠. 이 염기 하나가 바뀐 결과로 글루탐산이라는 아미노산 대신 발린이 만들어져 적혈구가 낮 모양이 된 거예요. 게다가 이 병에 걸린 사람이 자식을 낳으면 낮 모양 적혈구 유전자는 그대로 자식에게 유전되어요.

낮 모양 적혈구 빈혈을 치료할 방법이 없을까요? 잘못된 염기 A를 다시 T로 바꾸면 정상 적혈구를 만들 수 있지 않을까요? 이론적으로는 맞습니다. 하지만 문제가 있어요. 앞에서 배웠듯이 가장 좋은 현미경으로도 DNA를 볼 수 없어요. 왓슨과 크릭

제니퍼 다우드나

도 X선 회절 사진으로 DNA 구조를 밝혔잖아요. 오랫동안 과학자들은 눈에 보이지도 않는 이 잘못된 염기를 바꿀 수 있는 방법을 찾지 못했습니다.

유전자 치료의 시대를 열다

이 방법을 찾은 사람이 제니퍼 다우드나예요. 2012년 다우드나와 그의 연구팀은 세균이 가지고 있는 크리스퍼 유전자에서 착안해, RNA와 효소의 복합체인 크리스퍼 캐스 나인$^{CRISPR-Cas9}$이라는 유전자 가위를 만들어요. 유전자 가위는 유전자, 즉 DNA를 자를 수 있어요.

유전자 가위를 만든 과정을 알아볼게요. 세균도 바이러스의 침입을 받아요. 다음 쪽의 사진을 보세요. 우주선처럼 생긴 것은 박테리오파지라는 바이러스예요. 인간에게는 영향이 없지만, 세균에 감염하면 무차별적으로 공격해 세균을 죽입니다. 가만히 있으면 박테리오파지 때문에 모든 세균이 죽어 버릴 거예요.

세균도 당하고 있지만은 않아요. 인간의 면역처럼 이를 방어하는 방법이 있습니다. 세균은 자신의 세포 안으로 들어온 바이러스의 유전자를 인식해 효소로 잘라서 바이러스를 무력화시켜요. 일종의 면역 반응처럼 보이죠. 그럼 세균은 어떻게 바이러스의 유전자를 인식할까요? 세균이 가진 크리스퍼 유전자가 바이

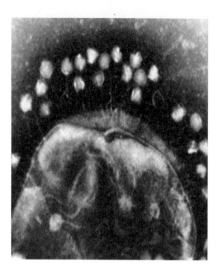

세균에 붙은 박테리오파지

러스의 유전자만을 정확히 인식한 거예요. 이 과정은 매우 중요합니다. 혹시 잘못 인식해 자신의 유전자를 잘라 버리면 스스로를 죽이는 꼴이 되니까요.

다우드나는 크리스퍼 유전자의 원리를 이용해 우리가 원하는 유전자를 인식하도록 했어요. 그것이 바로 '가이드 RNA'입니다. 가이드 RNA는 매우 높은 정확도로 우리가 원하는 유전자에 결합합니다. 앞에서 배웠던 낫 모양 적혈구 유전자를 인식할 수도 있어요. 가이드 RNA와 붙어 있던 캐스 나인 단백질은 DNA를 잘라 버려요. 즉, 크리스퍼 캐스 나인 유전자 가위는 우리가 원하는 DNA를 잘라 내고 수선할 수 있다는 겁니다.

제니퍼 다우드나

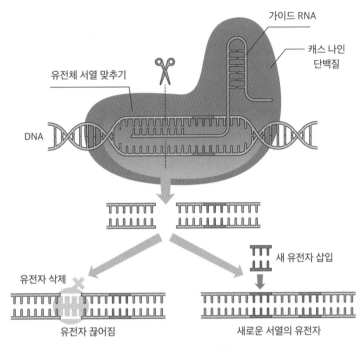

가이드 RNA

캐스 나인
단백질

유전체 서열 맞추기

DNA

유전자 삭제

유전자 끊어짐

새 유전자 삽입

새로운 서열의 유전자

크리스퍼 유전자 가위의 원리

　　이 방법으로 이제 낫 모양 적혈구 빈혈을 치료할 수 있습니다. 혈구는 골수에 있는 조혈모세포가 만듭니다. 이 조혈모세포의 DNA를 정상 적혈구와 같게 편집하는 거예요. 그러면 이후 생성될 적혈구는 모두 정상인 원반 모양이 됩니다. 유전자 치료와 편집이 가능해진 거죠. 이 무한한 가능성을 연 제니퍼 다우드나의 연구는 2020년 노벨 화학상을 받게 됩니다.

유전자 가위의 무한한 가능성

모기를 매개체로 하는 말라리아라는 질병이 있어요. 우리나라에도 있지만, 치료가 어려운 아프리카 국가에서는 말라리아로 죽는 사람이 많습니다. 그들을 위해 세상의 모기를 모두 박멸하면 어떨까요? 그러면 문제가 생겨요. 모기를 먹이로 하는 생태계가 무너질 수도 있거든요. 그 대신 모기를 그대로 두되 말라리아 병원균이 모기에게 감염되지 못하게 하면 말라리아로 죽는 것을 막을 수 있어요.

여기에 유전자 가위를 사용할 수 있답니다. 모기 유전자를 변형해 말라리아 원충의 감염을 막고, '유전자 드라이브' 기술로 세상의 모든 모기의 유전자를 바꾸면 되죠. 그렇지만 혹시 모를 위험 요소를 고려하느라 조심 또 조심하고 있는 거랍니다. 이처럼 유전자 가위는 무한한 잠재력이 있어요.

유전자 가위로 식량 문제도 해결할 수 있어요. 우리가 먹는 바나나는 캐번디시 품종이에요. 이전에는 그로 미셸이라는 품종도 있었는데 파나마 곰팡이병에 전염되어 1960년대에 멸종했습니다. 바나나는 씨가 없기에 바나나 나무가 병에 걸리면 쉽게 멸종하죠. 이제 캐번디시 품종이 유일한 바나나예요. 캐번디시 품종 사이에 곰팡이병이 퍼진다면 바나나를 먹을 수 없답니다.

그렇지만 걱정하지 마세요. 벌써 과학자들이 팔을 걷어붙였습니다. 유전자 가위로 파나마병 곰팡이를 편집해 감염되지 않도록 연구하고 있어요. 예전에 먹던 그로 미셸 품종도 다시 만들려고 하고 있고요.

유전자 가위를 사용하면 동물의 장기를 인간에게 이식할 수도 있어요. 해마다 장기 이식을 기다리다 죽는 사람이 많아요. 장기 이식만 하면 살 수 있는 환자인데 말이에요. 장기 이식을 하려면 나와 맞는 뇌사 환자가 생겨야 해요. 그만큼 이식할 기회를 얻는 것은 어려운 일이죠. 여태까지 인간에게 동물의 장기를 이식하지 못한 이유는 거부 반응 때문입니다. 이 거부 반응은 장기 표면에 있는 항원 때문에 일어나는데, 이 항원을 만드는 DNA를 유전자 가위로 편집할 수 있어요. 꿈 같은 이야기라고요? 이미 2021년 9월 뉴욕 대학교 랭건 병원 연구진이 유전자 변형돼지 콩팥을 사람에게 이식했고, 정상 작동을 확인했어요. 이제 동물 장기 이식도 꿈만은 아니랍니다.

무르지 않는 토마토, 두 배나 생장이 빠른 연어는 이미 판매되고 있어요. 멸종한 매머드 복원도 준비하고 있죠. 과학자들은 뿔이 없는 소, 근육이 풍성한 소 등 필요에 따라 생물의 유전자를 편집할 준비가 되어 있답니다.

인간 배아 세포 편집의 위험성

원자 폭탄을 만드는 맨해튼 프로젝트를 주도한 물리학자 로버트 오펜하이머를 알고 있나요? 그는 원자 폭탄이 완성되었을 때 이 폭탄으로 인해 발생할 인간의 피해를 걱정했어요. 유전자 가위를 만든 제니퍼 다우드나도 유전자 가위가 악용되지는 않을지 걱정을 했답니다. 이제 적은 돈과 시간으로, 심지어 집에서도 유전자를 편집할 수 있는 시대가 왔기 때문입니다.

유전자 편집은 신중하고 조심해야 해요. 세균의 유전자를 편집하다가 더 강력한 병을 일으키는 세균이 만들어지면 어떻게 될까요? 이 세균이 유출된다면 큰 재앙이 될 거예요. 우리는 코로나19를 경험했기에 세균이나 바이러스가 지닌 무서움을 알고 있습니다.

유전자 가위로 인간 배아 세포를 직접 편집할 수도 있어요. 아예 태어나지도 않은 아이의 유전자를 실험실에서 조작하는 겁니다. 유전자 편집으로 애초에 질병에 걸리지 않는 아기를 만든다는 취지는 좋지만, 인간의 욕심은 끝이 없어요. 몰래 근육을 강화할 수도 있고, 지능을 높일 수도 있을 거예요. 영화 〈가타카〉가 현실이 될 수도 있죠.

영화 〈가타카〉의 배경은 유전자로 차별받는 시대예요. 유전자 편집으로 태어난 아이들은 질병도 걸리지 않고 체격도 우수해서 좋은 직장을 가지고, 자연 임신되어 태어난 아이들은 안경도 끼고, 체력도 약해 청소하는 일을 해요. 유전자로 차별받는 것이죠. 유전자 가위 기술이 악용된다면 정말 이런 미래가 현실이 될 수도 있어요.

다우드나는 유전자 가위 개발에 책임을 느끼고 2015년 작은 포럼을 열었어요. 거창하게 시작하는 것보다 일단 작게라도 시작해 과학자들의 집중을 끌고자 했죠. 결국 다우드나는 여러 참석자와 공동으로 유명한 과학 학술지 《사이언스》에 〈유전 공학과 생식 세포 유전자 변형에 관한 신중한 방향〉이라는 논문을 발표했어요. 이 논문은 《뉴욕 타임스》 1면에 실려 수많은 사람의 관심을 끌었습니다. 관련 내용은 미국 공영 라디오에도 방송되었고 《네이처》, 《MIT 테크놀로지 리뷰》에도 기사가 실렸습니다. 과학자들 모두 인간의 배아 세포만은 건드리지 말자고 약속한 거예요.

하지만 이 약속이 무색하게, 2015년 중국의 황쥔주 연구팀이 인간 배아 세포 변형에 관한 연구 논문을 발표했고, 2018년 허젠쿠이 연구팀은 크리스퍼 캐스 나인을 사용해 유전자를 편집한 배아를 만들고 이를 여성의 자궁에 임신시켜 쌍둥이가 태어나게 했어요. 다우드나를 비롯한 많은 과학자가 경악했어요. 허젠쿠이는 불법 연구로 감옥에 갔죠. 유전자 편집으로 새로운 생명을 만드는 것은 과학자들이 더욱 신중해야 할 일이에요.

유전자 가위는 양날의 검과 같아요. 좋게 사용하면 인류의 복지를 끝없이 늘릴 수 있는 반면에 나쁘게 사용하면 인류 멸종을 앞당길 수도 있습니다. 여러분은 유전자 편집을 어떻게 생각하시나요? 깊이 생각해 볼 과제입니다.

으, 가려워! 모기 좀 없애 주세요

한여름 밤에 모기에게 물려 본 경험이 있을 거예요. 귓가를 맴도는 모깃소리는 우리의 단잠을 순식간에 깨워 버리죠. 사실 모기는 인간을 가장 많이 죽이는 곤충이랍니다. 모기가 어떻게 인간을 죽일까 싶지만 모기는 무서운 질병을 옮기는 매개체입니다. 매년 72만 5,000명이 모기가 옮기는 말라리아, 뎅기열, 황열병, 지카 등의 질병으로 목숨을 잃습니다. 그렇다면 이 모기를 아예 멸종시켜 버리면 어떨까요? 아니, 진짜 모기를 박멸하는 것이 가능할까요?

대답은 예스! 유전자 가위를 사용하는 시대에 모기 박멸이 불가능하지만은 않습니다. 앞서 잠깐 언급한 '유전자 드라이브'라는 기술로요. 대부분의 생물은 감수 분열로 생식 세포를 만들어 유성 생식을 하기 때문에 자손에게 유전자를 전달해 줄 확률은 50퍼센트입니다. 하지만 이를 100퍼센트로 만드는 방법이 유전자 드라이브 기술입니다.

2015년 이선 비어 교수팀은 초파리를 이용해 실험을 했어요. 원래 초파리의 몸체는 황갈색인데 색소 유전자에 이상이 생기면 노란색이 됩니다. 유전자 가위를 이용해 한 쌍의 색소 유전자를 모두 이상이 있는 유전자로 바꾸면 어떻게 될까요? 네, 초파리의 몸체는 노란색이 됩니다. 비어 교수의 연구팀에서는 이상 있는 색소 유전자와 함께 유전자 가위를 함께 넣었고, 그러자 97퍼센트의 초파리가 노란색으로 변했답니다.

유전자 드라이브 기술을 이용하면 이론상으로 모기를 박멸할 수 있어요. 하지만 여기에는 여러 가지 문제가 있답니다. 모기가 세상에서 없어진다면 모기를 먹이로 하는 생물은 어떻게 될까요? 먹이 사슬 문제가 발생하죠. 또 이 유전자 드라이브 기술로 넣은 '유전자 가위 유전자'가 다른 생물로 전파될 가능성도 생각해야 합니다. 모기를 잡으려다 모든 생물을 멸종시킬 수 있거든요.

아무튼 과학자들은 모기는 놔둔 채 말라리아, 황열병, 뎅기열 등을 모기가 매개할 수 없도록 유전자 연구를 하고 있답니다. 유전자 가위를 잘 사용한다면 이런 질병으로부터 자유로운 세상이 올 거예요.

Q1.

과학은 놀랍게 발전해 오고 있습니다. 여러 과학 분야 중에서도 생물학과 생물학자를 주제로 책을 쓰신 계기가 있을까요?

저는 '추리소설 쓰는 생물 선생님'이라고 저를 소개해요. 작가로서 책을 쓰는 동시에 고등학교에서 생물을 가르치고 있습니다. 학창 시절 생물 과목에 흥미를 느껴 과학 교사가 되기로 마음먹었답니다.

특히 저는 우리 몸에서 일어나는 현상이 재미있었습니다. 왜 여름철보다 겨울철에 오줌이 자주 마려울까요? 우리 몸은 삼투압을 유지하는데, 여름철에는 땀을 흘려 수분을 배출하기에 겨울철에 오줌이 더 자주 마려운 것입니다. 왜 뜨거운 것을 만지면 손이 저절로 떨어질까요? 우리 몸을 보호하기 위한 무조건 반사가 일어나기 때문입니다. 이렇게 재미있는 생명과학 이야기를 여러분에게도 소개하고 싶어 생물학자를 책의 주제로 선택했습니다.

Q2.

책에는 열두 명의 생물학자가 등장합니다. 많고 많은 생물학자 중에서 열두 명을 고르기가 쉽지 않았을 것 같아요. 책에서 다루고 싶었지만 아쉽게 제외한 과학자가 있다면 누구인가요?

로베르트 코흐라는 과학자입니다. 코흐는 '세균학의 아버지'로 통할 만큼 대단한 업적을 남겼어요. 그가 발표한 세균학의 4원칙은 지금도 세균 연구에 적용하고 있죠. 다만 우리 책에서 다룬 파스퇴르와 연구한 분야가 비슷해서 아쉽게 제외했답니다.

여기에서 코흐가 해낸 일을 조금 소개해 볼게요. 파스퇴르와 코흐가 살던 1800년대 후반은 병원균이 질병을 일으킨다는 사실이 밝혀지지 않은 시기였어요. 코흐는 순수한 병원균을 분리해 냈으며 이를 이용해 질병 치료의 길을 열었습니다. 그는 탄저균, 결핵균, 콜레라균을 분리해 냈으며 이 질병들의 치료법까지 개발했습니다. 이 공로를 인정받아 1905년 노벨 생리의학상을 수상했고요.

Q3.

열두 명의 인물 중에서 특별히 청소년 독자에게 가장 소개하고 싶은 생물학자는 누구인가요? 또는 더 나눌 이야기가 남아 있는 과학자가 있을까요?

동물행동학을 개척한 제인 구달을 꼽고 싶습니다. 요즘은 동물이 나오는 방송 프로그램이나 영상을 정말 흔히 접할 수 있죠? 구달의 침팬지 연구를 계기로, 텔레비전 방송에 동물들의 영상이 처음 나오기 시작했어요. 인간과 동물의 교감이 훨씬 자연스러워진 것입니다. 침팬지에게 가까이 다가가기 위해 구달은 위험도 무릅썼습니다. 당시 침팬지는 아프리카 깊은 숲에 있었는데, 숲에는 위험한 맹수뿐만 아니라 게릴라 반군도 있었습니다. 제인 구달은 실제로 반군에 잡혀 목숨을 잃을 뻔하기도 했습니다.

책에서 소개했듯 구달은 동물의 서식지를 보호하는 활동도 펼쳤습니다. 아프리카 탄자니아는 숲을 개간해 농장을 짓는데, 숲을 파괴할 때마다 침팬지의 서식지가 줄어듭니다. 구달은 침팬지를 비롯한 숲의 모든 동물을 보호하는 운동에 앞장섰고, 많은 사람의 공감을 얻었습니다. 구달의 노력으로 오늘날 동물 보호 운동은 더 확대되고 있답니다.

Q4.

책 속 생물학자들은 저마다 다른 시대와 환경에서 연구했지만, 모두 위대한 업적을 남겼습니다. 이들에게서 발견할 수 있는 공통점이 있다면 무엇일까요?

우수한 성과를 거둔 과학자들의 공통적인 특징은 바로 '열정'이랍니다. 책에서 찰스 다윈이 비글호를 타고 떠난 세계여행을 소개했죠? 이 여행을 호화로운 해외여행이라고 생각하면 안 돼요. 그는 좁은 방, 오래된 음식, 지진과 화산 같은 재난들을 숱하게 견뎌 냈죠. 심지어 사비까지 털어 전 세계의 생물을 연구하려 했습니다.

파스퇴르는 몸이 불편했는데, 손이 자유롭지 못하면 실험 도구를 섬세하게 다뤄야 하는 연구는 엄두도 못 내죠. 하지만 광견병 치료법을 꼭 개발하겠다는 열정 하나로 어려운 연구를 수행했습니다. 멘델은 어떨까요? 완두콩만 7년을 키웠어요. 하루 종일 완두콩 숫자를 세어 결국 유전 법칙을 알아냈죠. 이처럼 과학자들은 포기하지 않는 끈기로 연구에 매진했답니다.

Q5.

식량 문제를 해결하고, 불치병을 치료하고, 인간의 수명을 늘리는 등 생물학자들이 해낸 성취가 눈부십니다. 미래에 어떤 놀라운 발견이 더 이루어질지 기대되는데요. 생물학은 앞으로 얼마나 중요해지고, 어떤 역할을 하게 될까요?

책에서 소개한 '낫 모양 적혈구 빈혈'이라는 유전병을 기억하나요? 불치병으로 알려져 온 이런 유전병이 이제는 치료가 가능해졌습니다. 유전자 가위 기술의 발전 덕분이죠. 그런데 새로운 생물학에는 유용함과 위험성이 동시에 존재합니다. 우리는 이를 균형 있게 바라보고, 어떤 기술을 어떻게 이용할지 현명한 결정을 할 수 있어야 해요. 크리스퍼 캐스 나인 유전자 가위를 개발한 다우드나는 과학자들과 포럼을 열어 인간 배아 세포를 편집하지 않기로 약속했죠. 현재까지 과학자들은 인간 복제를 엄격히 금지하고 있답니다. 누군가 이 기술을 나쁜 목적으로 사용할 위험이 있어서입니다. 누구나 생명을 마음대로 탄생시키거나 조작할 수 있게 된다면, 생명의 존엄성이 침해받을 수 있겠죠? 인간은 생명을 다루는 기술을 쓸 때 반드시 윤리적 문제를 고민해야 해요.

Q6.

말씀하신대로, 생물학은 때로 논란의 중심에 서기도 하는 것 같습니다. 유전자 조작이 생태계를 파괴하고, 동물 실험이 동물의 권리와 존엄성을 훼손한다는 지적도 그렇습니다. 이런 문제들을 청소년 독자가 어떻게 바라봐야 할지 조언한다면요?

얼마 전 학교 급식으로 나온 주키니 호박에서 사전에 신고되지 않은 유전자가 발견되어 모두 식품 업체로 돌려보내는 사건이 있었습니다. 책에서 잠깐 소개했듯 이 호박에 든 유전자는 실험실에서 인위적으로 만든 것입니다. 현재 다양한 GMO 식품이 개발되어 있어요. 과학자들은 두 배 빠르게 성장하는 연어, 무르지 않는 토마토를 만들어 냈고 실제 식품으로 유통할 수 있는 허가를 받았습니다.

그런데 GMO 식품이 위험하기만 한 것은 아닙니다. 병충해에 강한 유전자로 만들어져 대량 생산이 가능하죠. 유전자 편집이 앞에서 말했던 불치병 치료뿐만 아니라 식량 문제도 해결할 열쇠가 되는 겁니다. 그리고 유전자 가위 기술을 이용하면 실험에 필요한 세포나 유전자를 만들 수 있으니 동물 실험을 최소한으로 줄일 수 있어요.

Q7.

'과포자'라는 말이 있을 정도로 과학을 어려워하는 학생이 많습니다. 과학 공부를 더 재밌게 할 수 있는 방법이 있을까요?

학생들은 특별한 재능이 있는 사람만이 과학을 공부하고 연구할 수 있다고 생각해요. 하지만 사실은 다릅니다. 책 속 과학자들처럼 열정과 노력이 가장 중요해요. 하지만 아무리 누구나 과학과 친해질 수 있다고 얘기한들 여기에 선뜻 공감하기 어려울 수도 있겠네요.

그래서 팁을 하나 드리겠습니다. 학교에서 배운 과학 지식을 일상에 적용해 보세요. 예를 들어 오줌이 마려울 때 몸속 호르몬이 작용하는 과정을 생각하는 거예요. 밤하늘의 상현달을 보면서 지구와 달, 태양의 위치를 짐작해 보고, 부모님의 혈액형과 내 혈액형의 관계를 설명해 보세요. 이렇게 교과서 속 지식을 실전에 계속 적용하다 보면 과학 개념을 잘 기억할 수 있고, 더 나아가 과학에 흥미를 붙일 수 있을 것입니다.

중학교

과학 1
I. 생물의 다양성
1. 생물의 다양성
2. 생물의 분류
3. 생물 다양성의 보전

과학 2
V. 동물과 에너지
1. 생물의 구성 단계

과학 3
V. 생식과 유전
1. 세포 분열
2. 발생
3. 멘델 유전
4. 사람의 유전

VIII. 과학기술과 인류 문명
1. 과학과 기술의 발달
2. 과학과 기술의 활용

고등학교

통합과학
II. 자연의 구성 물질
2. 생명체의 주요 구성 물질

V. 생명 시스템
1. 생명 시스템의 기본 단위
3. 세포 내 정보의 흐름

VII. 생물 다양성과 유지
2. 생물의 진화
3. 생물 다양성과 보전

생명과학 1
IV. 유전
1. 염색체와 DNA
2. 생식세포의 형성과 유전적 다양성
3. 사람의 유전
4. 유전병의 종류와 특징

V. 생태계와 상호 작용
1. 생태계
6. 생물 다양성

책

공삼근 외, 《핵심 식물생리학》, 라이프사이언스, 2022

김재근, 《식물 분류학 개론》, 라이프사이언스, 2022

리처드 도킨스, 김명남 역, 《리처드 도킨스 자서전》 1~2, 김영사, 2016

리처드 도킨스, 홍영남·이상임 역, 《이기적 유전자》, 을유문화사, 2018

제니퍼 다우드나·새뮤얼 스턴버그, 김보은 역, 《크리스퍼가 온다》, 프시케의 숲, 2018

제인 구달, 햇살과나무꾼 역, 《제인 구달의 내가 사랑한 침팬지》, 두레아이들, 2013

제임스 D. 왓슨 외, 이한음 역, 《DNA: 유전자 혁명 이야기》, 까치, 2017

제임스 D. 왓슨, 최돈찬 역, 《이중나선》, 궁리, 2019

존 그라빈, 권루시안 역, 《과학을 만든 사람들》, 진선출판사, 2021

찰스 다윈, 장대익 역, 《종의 기원》, 사이언스북스, 2019

찰스 다윈, 장순근 역, 《찰스 다윈의 비글호 항해기》, 리잼, 2013

Burton E. Tropp, 박영인 역, 《핵심 분자생물학》, 월드사이언스 2016

Lisa A. Urry 외, 전상학 역, 《캠벨 생명과학》, 바이오사이언스, 20229

사이트

네이처 www.nature.com

다른 포스트

뉴스레터 구독신청

작은 것들을 사랑한 생물학자들

세포부터 DNA까지 보이지 않는 세계의 쓸모를 찾아서

초판 1쇄 2024년 4월 26일

지은이   윤자영

펴낸이   김한청
기획편집 원경은 차언조 양희우 유자영
마케팅   현승원
디자인   이성아
운영   설채린

펴낸곳 도서출판 다른
출판등록 2004년 9월 2일 제2013-000194호
주소 서울시 마포구 동교로 27길 3-10 희경빌딩 4층
전화 02-3143-6478 **팩스** 02-3143-6479 **이메일** khc15968@hanmail.net
블로그 blog.naver.com/darun_pub **인스타그램** @darunpublishers

ISBN 979-11-5633-611-2 44000
      979-11-5633-437-8 (세트)

 다른 생각이
다른 세상을 만듭니다